THÈSE

pour

LE DOCTORAT

PAR

Édouard **PIQUAND**.

PARIS

IMPRIMERIE DE VICTOR GOUPY

Rue Garancière, 5

1869

THÈSE
POUR LE DOCTORAT

L'acte public sur les matières ci-après sera présenté et soutenu le mercredi 21 avril 1869, à deux heures,

PAR

M. Édouard PIQUAND,

AVOCAT,

Né à Sainte-Thérence (Allier).

PRÉSIDENT : M. GIRAUD, inspecteur général.

Suffragants : MM. VALETTE, COLMET-DAAGE, doyen, *Professeurs.* DEMANGEAT, DESJARDINS, *Agrégé.*

Le candidat répondra en outre aux questions qui lui seront faites sur les autres matières de l'enseignement.

PARIS

IMPRIMERIE VICTOR GOUPY, RUE GARANCIERE, 5

Derrière Saint-Sulpice

—

1869

DES

BIENS DES MUNICIPES ROMAINS

DES

BIENS COMMUNAUX

PROPREMENT DITS.

DES

BIENS COMMUNAUX

DÉFINITION.

Qu'entend-on par biens communaux?

Considérés dans leur sens le plus général, les mots biens communaux désignent tous les biens, tous les droits, toutes les actions appartenant à l'être moral qu'on appelle commune.

« Ainsi, dit le président Henrion de Pansey (1), des meubles, des effets mobiliers, des actions, des immeubles réels, des droits incorporels, tels que des servitudes, des droits d'usage et d'usufruit, prennent la dénomination et le caractère de biens communaux toutes les fois qu'ils appartiennent à une corporation d'habitants. »

(1) *Des biens communaux et de la police rurale*, par le P. H. de P., liv. I, ch. 1er.

Sont donc biens communaux, sans distinction de meubles ou d'immeubles, tous les objets qui font partie du patrimoine de la commune.

On les divise en deux classes :

1° Biens du domaine *public* communal.

2° Biens du domaine *privé* communal.

1° Le domaine public de la commune comprend toutes les choses qui sont affectées à un usage public, universel ou communal ; tels sont les temples, les églises, les cimetières, les places publiques, les rues, les fontaines, etc. Les choses qui composent ce domaine présentent une certaine analogie avec celles du domaine public de l'État, routes impériales, fleuves, rivières navigables, etc. En effet, elles sont les unes comme les autres inaliénables et imprescriptibles à raison de leur destination, tant qu'elle dure. Il importe cependant de les distinguer soigneusement ; car les choses qui rentrent dans le domaine public de l'État sont à la charge de l'État et doivent retourner à l'État quand le service public auquel elles étaient affectées vient à prendre fin. Au contraire, les choses qui rentrent dans le domaine public de la commune, étant plus particulièrement utiles aux habitants de la commune, ont été mises par la loi à la charge de celle-ci. En conséquence, si leur destination vient à être changée, c'est dans le domaine privé de la commune qu'elles doivent rentrer, et non pas dans le domaine de l'État.

2ᵉ Les biens du domaine privé des communes sont ceux qui leur appartiennent comme ils pourraient appartenir à des particuliers ; ils sont, dans le commerce, aliénables et prescriptibles.

Ils se subdivisent en :

1° *Biens patrimoniaux*, comprenant ceux dont la commune jouit immédiatement par elle-même, ou dont elle perçoit directement le revenu au profit de la caisse communale : tels sont les bâtiments, maiso: s. usines qui seraient loués par la commune, les domaines ruraux affermés ou exploités à son profit, etc.

2° Ceux qu'on appelle *biens communaux proprement dits*, dont la jouissance est laissée en nature aux habitants, qui envoient leurs bestiaux dans les pâturages ou qui reçoivent chacun une part dans les fruits, au moyen d'une répartition faite par l'administration communale. Tels sont les terres vaines et vagues, gastes, garrigues, landes, pacages, pâtis, ajoncs, bruyères, bois communs, hermès, vacants, palus, marais, marécages, montagnes, etc.

Nous ne nous occuperons dans cette étude que du domaine privé de la commune, et plus spécialement encore des biens communaux proprement dits.

CHAPITRE I

DES MUNICIPES.— LEUR ORGANISATION, LEUR HISTOIRE.

———

L'étude du domaine communal, même dans le sens restreint que nous lui donnons ici, serait tout à fait incomplète, je dirai même incompréhensible, si nous n'exposions préalablement l'organisation et l'histoire de la commune romaine, l'organisation et l'histoire du municipe.

SECTION I.

HISTOIRE DES MUNICIPES.

Rome, qui devait un jour voir à ses pieds l'univers asservi, eut cependant une origine bien modeste. Si nous en croyons en effet la tradition, son fondateur, Romulus, fut obligé d'ouvrir un asile et d'organiser le rapt pour peupler sa cité naissante. Ne nous étonnons donc pas, si, remontant au berceau des institutions romaines, nous trouvons une simple organisation municipale. « Toutes les magistratures de « Rome, dit M. de Valroger, n'étaient, à vrai dire, que « les magistratures d'une ville qui devint la maîtresse « du monde et dont le gouvernement dut subir un « changement inévitable par suite de ce développe- « ment de puissance extraordinaire. »

Le premier besoin de cet assemblage de malfaiteurs, de débiteurs insolvables, et même de vaincus, fut de s'affermir et autant que possible de s'étendre. Aussi voyons-nous cette poignée d'hommes commencer par combattre et par vaincre les peuplades voisines ; mais, à la différence des nations conquérantes de l'Orient, qui ruinaient les contrées dont elles s'emparaient, massacrant les vaincus, et emportant leurs richesses, les Romains, dès l'origine, plus habiles, surent transiger et, au besoin, se transformer selon les circonstances.

Dans le principe, ils employèrent ce qu'on a appelé le système de *l'absorption*, système qui consistait à s'incorporer une partie (1) et même toute la nation vaincue (2). Plus tard, quand une exubérance de population les força d'ouvrir leurs portes, ils tirèrent

(1) Ainsi les Fundani, Cumani, Lanuvini, Tusculani, etc.
(2) Telles que les cités des Arcini, Aguanini. *Voy.* Cicéron, *pro Balbo,* n° 31.

de leur sein un certain nombre de citoyens pour les envoyer fonder des colonies. C'est là le système des *déductiones, coloniæ,* auquel Machiavel a attribué la gloire d'avoir consolidé l'empire. Ces colonies avaient un gouvernement identique à celui de la métropole. C'est ce qui a fait dire à Aulu-Gelle :

Populi romani coloniæ quasi effigies parvæ, simulacraque quædam esse videntur (1).

Mais là ne se borna pas l'action de cette puissance toujours envahissante. Comme son but constant était d'étendre aussi loin que possible son influence et sa domination, elle employa la ruse après s'être servie de la force. Par l'établissement des municipes, elle déguisa sous l'apparence de rapports amicaux une véritable omnipotence.

Qu'était-ce donc qu'un municipe?

Ce mot, qui dans le principe ne désignait qu'une ville obligée de contribuer aux charges publiques de Rome, finit par exprimer une idée de *self-government.* Mais pour bien comprendre cette transformation, il faut étudier les municipes à trois époques différentes.

(1) Niebuhr, l'intrépide historien allemand, qui a su faire pénétrer la lumière dans les origines les plus reculées de Rome, compare les colonies romaines aux établissements fondés en Orient par les Francs au temps des Croisades, et que les *Assises de Jérusalem* nous montrent comme une France féodale au petit pied.

PREMIÈRE ÉPOQUE.

Des municipes jusqu'à la fin de la guerre latine.

Après avoir soumis les peuples voisins, après avoir
établi des colonies sur plusieurs points de l'Italie, pour
porter au loin leur esprit et leurs institutions, les
Romains comprirent qu'il ne serait pas sans avantage
pour eux de se faire des alliés. Comme ils étaient
puissants et qu'il y avait encore en Italie un grand
nombre de petites cités, de petits états indépendants,
qui n'avaient qu'à gagner à leur alliance, ils leurs pro-
posèrent une communication plus ou moins complète
des droits du Romain. C'est ainsi que ces états reçurent successivement le *connubium*, c'est-à-dire le droit
de contracter mariage avec eux; le *commercium*, c'est-
à-dire le droit de faire le commerce avec eux ; enfin le
municipium, c'est-à-dire le droit de contribuer aux
charges et aux avantages de la cité. *Municipes appellantur*, dit en effet Ulpien, *muneris participes recepti in
civitate ut munera nobiscum facerent* (1). Il faut bien
faire attention que ces avantages, purement civils, ne
conféraient nullement des droits politiques. Les
Romains, en effet, pendant cette période au moins, se
montrèrent excessivement avares de la communication,

(1) Loi 1, § 1, D., loi 50, tit. 1.

cette sorte de droits qui pouvaient se résumer dans le *jus suffragii* et le *jus honorum.*

La première ville qui fit un traité d'alliance avec Rome pour obtenir ces droits civils, fut la ville de Cære (an 365 de Rome). Ainsi, les Cérites conservèrent leurs lois, leurs magistrats, leur autonomie, à la condition par eux de participer aux charges qui pesaient sur les citoyens romains. Mais comme ils n'avaient, quand ils venaient à Rome, ni le *jus suffragii,* ni le *jus honorum,* il fallut les inscrire sur un registre particulier indiquant leur fortune. C'est là l'origine des *Tabulæ Cæritum,* sur lesquelles on mettait le nom des citoyens romains jugés indignes de voter dans les comices.

Ainsi donc, dans cette première période, on entend par *municipes* des cités ou des états ayant obtenu la communication plus ou moins complète des droits de cité, sans avantages politiques, à la condition de contribuer aux charges (*munera*) de l'état romain.

DEUXIÈME ÉPOQUE.

Depuis la fin de la guerre latine jusqu'à la loi Julia.

Au commencement du cinquième siècle après sa fondation, Rome était à peu près maîtresse de toute l'Italie centrale. Déjà elle rêvait la conquête de la grande Grèce et de la Gaule cisalpine, quand un jour, des députés latins vinrent demander au Sénat, pour

leurs concitoyens, l'entrée de la Curie et le partage du
consulat avec les Romains. C'était ce qui avait toujours été refusé et que nous avons appelé le *jus honorum*. L'histoire rapporte que cette proposition mit le
consul Manlius dans une telle fureur qu'il jura de tuer
de sa main le premier Latin qui rentrerait dans le Sénat. Cependant, les Latins, qui, en qualité d'alliés,
avaient toujours prodigué leurs fatigues, leurs tré-
sors et même leur sang sans avoir aucune place dans
les institutions politiques de la république, s'allièrent
aux Campaniens et engagèrent la guerre contre Rome.
Ils furent vaincus, en fort peu de temps, et « leur sort,
dit Machiavel, ne fit qu'empirer; d'associés, ils devinrent sujets. » En effet, le sénat régla sur des bases
nouvelles ses relations avec les différentes villes du
Latium ; et comme la conduite de chacune d'elles n'a-
vait pas été la même pendant la guerre, il récompensa
celles qui ne s'étaient pas laissées aller à la révolte (1),
et infligea des punitions exemplaires à celles qui avaient
violé leurs traités d'alliance (2). Ce fut alors qu'on
distingua les habitants de tout le Latium en *populi
fundi, Latini veteres* et *Latini colonarii* (3).

---

(1) Ainsi Laurentium.

(2) Parmi les villes les plus maltraitées, il faut compter Antium,
dont les galères furent brûlées. Les éperons de ces galères furent seuls
conservés, et on en décora la tribune aux harangues, qui, depuis cette
époque, prit le nom de *Rostra*.

(3) On entendait par *Populi fundi* les villes ou les États qui aban-
donnaient leur droit et leurs institutions propres pour prendre le droit

Quelles furent à cette époque les destinées des municipes?

Les villes municipales qui s'étaient révoltées contre Rome pendant la guerre des Latins, perdirent leur autonomie; elles devinrent de simples préfectures et elles furent administrées par un *præfectus* envoyé de Rome. Celles au contraire qui avaient refusé de prendre part à la révolte, continuèrent à s'administrer elles-mêmes et à élire leurs magistrats.

Il faut remarquer que jusqu'à présent le titre de *citoyen romain*, avec tous les avantages qu'il comportait (avec le *jus honorum* et le *jus suffragii*), n'avait été communiqué à aucune ville. Pour être citoyen romain, électeur et éligible, il fallait nécessairement habiter Rome. Dans la suite le sénat fut obligé de communiquer ce titre à des cités voisines, et il le fit sur une assez large échelle, puisque la plupart des villes et des états de la Sabine le possédaient déjà un siècle avant la guerre sociale.

Mais quelles conditions étaient exigées pour en obtenir la concession?

et les institutions des Romains. C'était un acheminement vers le droit de cité.

On désignait sous le nom de *Latini veteres* ceux qui restèrent fidèles à Rome pendant la guerre latine. L'ensemble des concessions qui leur furent faites prit le nom de *Jus Latii*, et devint un type d'état civil et politique dont les empereurs furent plus tard très-prodigues.

Enfin, sous le nom de *Latini colonarii*, on comprenait les membres des colonies composées principalement de Romains que la politique du Sénat établissait sur un pays conquis. Leur condition était à peu près identique à celle des *Latini veteres*.

On peut affirmer sans crainte que la ville qui voulait obtenir la *civitas optimo jure* devait adopter le
droit civil et politique des Romains. L'habitant du
municipe ainsi fait *fundus* acquérait tous les droits
de cité ; il jouissait du droit de suffrage à Rome et
pouvait briguer toutes les magistratures. Sa ville n'é-
tait plus qu'un démembrement, une espèce de faubourg
de Rome, de sorte qu'il avait pour ainsi dire deux
patries. *Roma communis nostra patria est* (1), disait le
préfet du prétoire Ulpien qui était de Tyr (2).

Mais si, au point de vue politique, les municipes
qui avaient obtenu la *civitas optimo jure* dépendaient entièrement de Rome, ils jouissaient d'une très-grande
liberté d'action, en ce qui concernait la gestion des
affaires locales. Ainsi, ils avaient conservé une autorité
absolue sur le culte et les cérémonies religieuses, sur
la police intérieure, sur l'élection de leurs magistrats,
la construction et l'entretien de leurs édifices, l'administration de leurs finances qui ne se mêlaient pas avec
celle des Romains.

Pendant cette période, il y eut encore une grande
variété parmi les concessions que fit le sénat. Certaines villes obtinrent le *jus suffragii* et le *jus honorum*, d'autres ne purent pas l'obtenir ; mais ce qu'il y

___

(1) Loi 33, D., liv. 1., tit. 4. *Voy.* aussi loi 6, § 44, D., liv. XXVII, tit. 4.
(2) Et Cicéron dit spécialement pour les villes italiennes : Omnibus
municipibus duas esse censeo patrias, unam naturæ, alteram civitatis.
(*De legibus*, II, 2.)

a de remarquable, c'est le mouvement de toutes ces villes et de tous ces états vers une espèce de centralisation politique dont le siége est à Rome. Si, en effet, chaque ville a ses libertés plus ou moins grandes et la connaissance de ses affaires judiciaires et administratives, ce n'est qu'à Rome que se traitent les affaires de la nation, et c'est là que les habitants des cités qui ont obtenu le *jus suffragii* viennent exercer leurs droits politiques par le dépôt de leur vote (1). En un mot, les villes municipales ne sont plus autant de petites républiques; ce ne sont que les différents membres d'un grand corps politique, et leurs magistrats, au lieu de gouverner une république, ne sont plus que les administrateurs des intérêts particuliers d'une ville (2).

(1) Montesquieu trouve dans ce concours des citoyens de toutes les villes municipales une des causes de la décadence de Rome. « Les « peuples d'Italie, dit-il, étant devenus citoyens, chaque ville y (à « Rome) apporta son génie, ses intérêts particuliers et sa dépendance « de quelque grand protecteur. La ville déchirée ne forma plus un « tout ensemble; et comme on n'en était citoyen que par une espèce « de fiction, qu'on n'avait plus les mêmes magistrats, les mêmes mu- « railles, les mêmes dieux, les mêmes temples, les mêmes sépultures, « on ne vit plus Rome des mêmes yeux, on n'eut plus le même amour « pour la patrie, et les sentiments romains ne furent plus. Les ambi- « tieux firent venir à Rome des villes et des nations entières pour « troubler les suffrages ou se les faire donner; les assemblées furent « de véritables conjurations. » (*Grandeur et décadence des Romains*, ch. IX.) On a trouvé sur les murs de Pompéi, qui fut, comme on le sait, engloutie par la grande éruption du Vésuve, des espèces d'affiches électorales annonçant et même recommandant certaines candidatures.

(2) Niebuhr a comparé toutes ces villes qui étaient comprises dans l'État romain aux différents États de l'Amérique septentrionale qui sont compris dans l'Union fédérale.

TROISIÈME ÉPOQUE.

Des municipes depuis la loi Julia.

De l'an 416 de Rome jusqu'en 664, c'est-à-dire depuis la guerre latine jusqu'à la guerre sociale, de graves événements s'étaient passés en Italie. Les Gracques avaient eu le courage de protester contre l'injustice des grands qui s'étaient emparés de tous les domaines de l'État (*ager publicus*), et ils avaient été indignement massacrés ; mais la semence jetée par eux avait germé, et, à l'époque où nous sommes, le débat s'était singulièrement agrandi. Comme autrefois, les villes du Latium avaient demandé le droit de cité complet, l'Italie tout entière se levait alors menaçante pour réclamer de gré ou de force, ce qui n'était que justice, l'égalité complète. Rome, comme d'habitude, résista d'abord, mais après des massacres, après des flots de sang versés de part et d'autre, elle accorda ce qui lui était demandé. Une première loi de Julius César (*loi Julia*) accorda d'abord le droit de cité à tous les Latins et Ombriens qui étaient restés fidèles, et, l'année suivante, la loi Plautia Papiria étendit ce privilége à toute l'Italie.

Nous voilà donc arrivés au point culminant de l'histoire du municipe romain. Désormais, il n'y a plus en Italie de privilége pour aucune cité. Toutes les villes ont perdu leur indépendance politique et conservé leur indépendance administrative, pour obtenir leur part de souveraineté dans le gouvernement du pays : mais, en revanche, toutes doivent accepter la loi romaine et se soumettre aux règlements qui pourront être portés dans l'avenir : *Qui populi in eam legem fundi facti non essent, civitatem non haberent* (1).

Ne nous étonnons donc pas, si, à cette époque, la constitution intérieure des municipes fut réglementée par une loi générale. Beaucoup de textes nous parlent en effet d'une *lex municipalis* qui organisa le régime municipal en Italie. Cette loi paraît due à César, car elle est mentionnée quelquefois sous le titre de *lex Julia municipalis*, et elle fut rendue en l'an 35 avant Jésus-Christ. Nous ne la trouvons pas au Digeste, mais M. de Savigny pense que nous en possédons un fragment dans la Table d'Héraclée qui fut découverte en 1732, près du golfe de Tarente, sur le territoire de l'ancienne ville d'Héraclée.

Ainsi, après la guerre sociale, il n'y a plus de distinctions à faire entre les différents municipes. Bien plus, les municipes, les colonies, et même les préfectures, sont traités sur le même pied. En un mot, toutes les villes d'Italie ont la même règle d'administration. C'est là le principe proclamé par la *lex Julia municipalis*.

(1) Cicéron, *pro Balbo*, VIII.

Mais en dehors de l'Italie, dans les provinces, y eut-il également une loi uniforme?

Nous ne trouvons pas dans les auteurs les traces d'un monument semblable. Mais déjà à la fin de la République, Cicéron nous apprend dans ses *Verrines* que la *lex Rutilia* avait garanti à la Sicile une certaine indépendance en ce qui concernait les intérêts locaux. Plus tard, sous l'Empire, la *lex Galliæ Cisalpinæ*, qui avait été rendue pour la Gaule cisalpine, et la *lex Pompeia*, qui avait organisé la province de Bithynie, nous prouvent qu'il y avait dans les provinces un certain *self-government*. Il faut donc conclure de là que le régime municipal ne fut point octroyé aux provinces par une loi unique comme en Italie, mais par une succession de lois spéciales et locales qui organisèrent un jour telle ville, un autre jour telle autre ville. M. de Valroger, dont nous avons déjà invoqué l'autorité, croit que cette opinion, déjà très-vraisemblable auparavant, vient d'être pleinement démontrée de nos jours, par la découverte des statuts municipaux que Domitien donna à deux villes d'Espagne, et qui portent le nom de Tables de Salpenza et de Malaga (1).

(1) Ces tables, découvertes en 1851, furent publiées par un savant de Malaga. Toute l'Allemagne savante s'émut à leur apparition. En France, M. Laboulaye, de l'Académie des sciences morales et politiques, en contesta l'authenticité dans un mémoire très-brillant. M. Giraud, mon savant professeur, membre de l'Institut, lui répondit dans des *Lettres* pleines d'érudition, et il fit pencher la balance de son côté. Aujourd'hui, personne, pas plus en France qu'en Allemagne, ne doute de l'authenticité de ces tables, qui sont un véritable monument juridique.

Néanmoins, nous ne croyons pas que l'état des villes de province ait toujours été différent de celui des villes italiennes. Nous pensons, au contraire, qu'un travail d'assimilation se fit progressivement, et qu'il n'exista entre toutes les cités de l'empire que des différences tout à fait secondaires. En effet, les empereurs élevèrent insensiblement les provinces aux mêmes droits et aux mêmes priviléges que Rome et l'Italie (1), ou plutôt, il n'y eut plus de priviléges. Partout la même loi, partout l'égalité. Il ne fut plus question de Romains, d'Italiens, de Latins ; il ne fut question, dans tout l'empire, que de citoyens appartenant à la même famille.

Ce travail d'égalité qui transforma alors le monde romain est une véritable nécessité sociale. Tous les peuples, tous les empires y sont soumis. Louis XI et Richelieu ne furent autre chose que les instruments de cette inflexible loi, quand ils battirent en brèche le principe dissolvant de la polyarchie féodale ; et plus tard notre immortelle Révolution française, en abolissant les distinctions qui existaient entre le clergé, la noblesse et le tiers état, ne fit qu'achever, dans un but de philanthropie, l'œuvre commencée par Richelieu.

Ainsi donc, les empereurs jetèrent dans l'Empire l'égalité à pleines mains. Il est même digne de remarque que celui qui fit disparaître toutes traces d'inéga-

(1) Marc Aurèle accorda la *Civitas* à tous ceux qui la demandèrent et payèrent le droit exigé. Caracalla fut plus prodigue ; il accorda le droit de cité romaine à tous les habitants de l'empire.

lité fut un des princes les plus cruels, et le plus justement flétri par l'histoire (1). Mais cette égalité, qui, en elle-même, était un grand bien, ne fut que le piédestal du plus affreux despotisme; et il arriva un temps où tous les sujets de l'empire ne furent plus égaux que devant la servitude. La liberté, cependant, trouva encore un lieu de refuge sur la terre : ce fut au sein des municipes.

Comment expliquer ce phénomène?

Les Empereurs, en accordant la *civitas optimo jure* à tous les habitants de l'Empire, n'étaient pas dirigés par des intentions humanitaires. Leur seul but était de discréditer le titre de *citoyen romain*, qui avait eu autrefois une si grande signification. Quelle autorité, en effet, pouvait avoir le Romain, avec ce titre de citoyen, que tous les habitants du monde civilisé possédaient comme lui? Ce discrédit eut pour effet de donner à la puissance impériale un absolutisme qui n'était pas dans le droit, mais qui était dans les faits. Aussi vit-on disparaître successivement devant l'autocratie impériale le droit pour les citoyens de voter et de paraître dans les comices. Bientôt même, le sénat perdit toutes ses prérogatives et l'empereur put dire avec autant de vérité que Louis XIV : L'État, c'est moi.

En ce temps-là, le forum, vide et muet, n'offrait plus d'aliments à l'activité d'aucun talent. Avec la

(1) Antonin Caracalla. (*Voy.* la note précédente.)

liberté avait disparu la vie politique. Quel parti devaient prendre les citoyens dont l'énergie n'était pas entièrement éteinte? Retourner dans leur municipes. C'est ce qu'ils firent. Étrangers désormais au gouvernement de l'État, ils mirent toute leur intelligence au service des intérêts de la cité que l'omnipotence impériale n'avait pas encore envahis. Cette sage décentralisation recula de longues années la chute de l'Empire; il est même des auteurs qui prétendent que si, dans la suite, les empereurs n'avaient pas tué la vie municipale en voulant tout réglementer, les Barbares n'auraient jamais renversé l'édifice romain. Quoi qu'il en soit, c'est à l'époque où les institutions municipales reçurent leur plus grand développement que l'empire jeta le plus d'éclat, et on peut affirmer sans crainte que la plus grande gloire des Antonins est d'avoir compris et consacré l'indépendance municipale. Sous ces princes, en effet, les tributs n'étaient pas encore excessifs et s'appliquaient aux besoins généraux de l'Empire. Dans les cités, les revenus suffisaient aux dépenses. Les édifices publics, les routes, les aqueducs, les théâtres, les jeux n'épuisaient pas le trésor commun et ne nécessitaient pas encore les exactions que nous rencontrerons plus tard. Le décurionat était une dignité recherchée. On était loin de ces charges, de ces entraves qui accablèrent dans la suite les membres de la curie et qui les forcèrent à déserter une fonction sous le poids de laquelle ils perdaient leurs biens et leur liberté. L'empire, en effet, n'était pas encore harcelé de tous côtés par les Barbares, et les ressources ordinaires suffisaient amplement aux besoins généraux. Mais quand Sévère eut légué à ses successeurs sa maxime : *Enrichissez les soldats, et comptez pour rien le reste*, le monde donna le triste spectacle de l'impuissance du despotisme. Les empereurs eurent trois dangers à conjurer, dit M. Guizot : « les Barbares qui avançaient toujours, et qu'il fallait vaincre ou acheter ; la populace qui augmentait toujours, et qu'il fallait nourrir, amuser et contenir ; les soldats, seule force contre ce double péril, et force d'autant plus périlleuse elle-même qu'il fallait l'entendre et lui accorder chaque jour davantage (1). »

Pour combattre ces trois ennemis, que de ressources ne fallait-il pas ? Dioclétien trouva pourtant le moyen de se les procurer. Il étendit sur toute la surface de l'empire un réseau de fonctionnaires qui eurent pour principale fonction d'en extraire les forces et les richesses pour venir ensuite les déposer à ses pieds.

Les municipes ne furent pas plus exempts que les particuliers des rapines et des exactions de ces délégués de l'omnipotence impériale. Leurs propriétés furent confisquées et leurs magistrats ruinés.

Comment, en effet, aurait-il pu en être autrement ?

(1) *Voy.* M. Guizot, *Essais sur l'histoire de France*, p. 15.

La curie, c'est-à-dire l'ensemble de tous les citoyens aisés, était chargée du recouvrement des impôts qui s'élevaient jusqu'à 1/40 du capital ; et si la perception n'en était pas faite régulièrement, et même d'avance, chaque *curialis* était tenu sur ses propres biens. On comprend qu'alors la curie fût vide, et que tous ses membres cherchassent à décliner un honneur qui les plongeait, eux et leurs familles, dans la misère la plus irrémédiable. Mais le despotisme a ses raffinements : il fut défendu aux *curiales*, sous les peines les plus sévères, d'abandonner leurs fonctions, de sorte que, chose inouïe, on put voir alors des fonctionnaires attachés à leurs fonctions comme des serfs à la glèbe. Le *curialis* fut condamné à la curie, comme nous condamnerions aujourd'hui un criminel au bagne. Aussi, pour la composer cette curie, qui était si enviée autrefois, on fut obligé d'y admettre et même d'y faire entrer de force les bâtards, les illettrés, les juifs, etc. (1).

D'un autre côté les empereurs, qui tenaient entre leurs mains le sort de tous les habitants de leur empire, en exemptèrent les hommes et les classes qu'ils avaient besoin de s'attacher. C'est ainsi qu'ils dispensèrent les clercs et les membres du clergé chrétien de la participation aux charges municipales (2). — Ce privilége

(1) *Voy.* loi 3, § 2 et 3, D., liv. L, tit. 2. *Voy.* aussi loi 6, C., liv. X, tit. 31.

(2) Curialibus muneribus atque omni inquietudine civilium functionum exsortes cunctos clericos esse oportet. (Cod. Théod. L. XV, t. II, L. IX.)

accordé aux chrétiens par les empereurs va nous fournir l'occasion d'étudier la dernière phase, ou plutôt les dernières lueurs du régime municipal romain.

« Pendant près de trois siècles, dit M. Guizot, la société chrétienne se forme sourdement au milieu de la société civile des Romains, et pour ainsi dire sous son enveloppe. Ce fut de très-bonne heure une société véritable qui avait ses chefs, ses lois, ses dépenses, ses revenus..... L'habitant d'un municipe, devenu chrétien, cessait d'appartenir à la ville, pour entrer dans la société chrétienne, dont l'évêque était le chef. Là seulement étaient désormais sa pensée, ses affections, ses maîtres et ses frères. Aux besoins de cette association nouvelle étaient dévouées, s'il le fallait, sa fortune et son activité. Là enfin se transportait en quelque sorte son existence morale tout entière. Lorsqu'un tel déplacement s'est opéré dans l'ordre moral, il ne tarde pas à se consommer dans l'ordre matériel. La conversion de Constantin déclara, en fait, le triomphe de la société chrétienne et en accéléra le progrès. Dès lors on vit la puissance, la juridiction, la richesse, affluer vers les églises et les évêques, comme les seuls points autour desquels les hommes fussent d'eux-mêmes disposés à se grouper et qui exerçassent sur toutes les forces sociales la vertu de l'attraction. Ce ne fut plus à sa ville, mais à son église que le citoyen eut envie de donner ou de léguer ses biens. Ce ne fut plus par la construction des cirques, des aqueducs, mais des temples chrétiens, que l'homme riche éprouva le besoin de se recommander à l'affection publique. *La paroisse prit la place du municipe* (1).

Cette transformation des institutions municipales, à la suite de laquelle nous trouvons un effacement presque complet, a fait attribuer, par des auteurs, à Constantin, la ruine des municipes.

Cette opinion nous paraît difficile à admettre malgré l'autorité du savant et judicieux Roth (2), derrière lequel elle s'abrite. D'abord, les institutions municipales jetèrent encore quelqu'éclat après Constantin ; Julien, pour les favoriser, essaya une espèce de décentralisation ; Valentinien, Théodose, Honorius suivirent son exemple ; et puis enfin, comment expliquer que Constantin, qui favorisa les cités en leur donnant une sorte d'hypothèque sur les biens de leurs débiteurs (3) et qui leur accorda le droit de succéder aux décurions morts sans héritiers légitimes, ait voulu leur porter un coup mortel ?

Non, il ne faut pas faire peser sur un prince l'œuvre du temps, et les vices d'une constitution qu'il n'était pas en son pouvoir de modifier. Les causes de la déca-

***

(1) Guizot, *loc. cit.*, p. 18 et 19.

(2) Venio nunc ad illum, quem vulgo magnum dicunt, Constantinum Cæsarem, a quo ferream imperii ætatem inchoatam et præcipitia, quæ labebantur, acta inter prudentes constat. *Hic ut omnia veteris reipublicæ vestigia extinxit, ita rem municipalem, tot tempestatibus intactam, gravissime adflexit.* Roth, *de re munic. rom.*, p. 33, notes.

(3) Loi 2, C., liv. XI, tit. 32.

dence de la curie et des municipes, nous les avons déjà signalées plus d'une fois dans le cours de cet aperçu historique; c'est la tyrannie et l'ingérence des empereurs dans les affaires locales ; ce sont les vices d'une constitution qui remettait tout à l'omnipotence d'un seul homme; ce sont les impôts exagérés, les exactions de toutes sortes qui conduisaient tout le monde à une ruine inévitable; ce sont enfin les Barbares qui, faisant éruption dans ce monde vermoulu, finirent par faire table rase aussi bien des institutions locales que de l'Empire lui-même. Si maintenant le régime municipal eut à subir une crise violente sous Constantin, c'est le cas de dire comme M. Guizot : *que les secousses qu'on appelle révolutions sont moins le symptôme de ce qui commence, que la déclaration de ce qui s'est passé.*

Nous avons dit qu'à la suite de la rénovation religieuse de l'Empire, il y avait eu une espèce de transformation du régime municipal en régime paroissial. Cette transformation, avons-nous dit également, ne sauva pas les institutions municipales, elle coïncida même, au contraire, avec leur effacement presque complet. Gardons-nous bien cependant de croire qu'elles disparurent entièrement du monde gallo-romain. Elles furent conservées, au contraire, par le droit ecclésiastique. Ainsi nous pouvons dire que le régime municipal romain a traversé l'époque franque sous le pavillon du droit ecclésiastique. Les Barbares, en effet, se poussèrent successivement les uns les autres, jusqu'à ce que les Lombards, en Italie, les Germains, en Gaule, s'implantassent pour toujours, apportant avec eux les germes d'une civilisation nouvelle. Ce fut alors que le régime municipal romain, conservé au milieu de la barbarie par le clergé, fit alliance avec le *mallum* germanique pour donner naissance à ce magnifique mouvement communal du xiie et xiiie siècle que nous étudierons dans la seconde partie de ce travail.

Telle est l'histoire des institutions municipales romaines. Léon le philosophe crut les faire disparaître en les supprimant par un décret. Douze siècles s'étaient écoulés entre le traité de Rome avec Cœre et la promulgation de ce décret.

SECTION II.

ORGANISATION DES MUNICIPES.

Le gouvernement des municipes avait été calqué sur celui de la métropole, *regiæ urbis instar*, nous dit Justinien dans la novelle 38. Si donc nous nous transportons à Rome à l'époque de la république, nous trouvons trois grands pouvoirs qui jouent un certain rôle dans l'administration : 1° le peuple ; 2° le sénat ; 3° les magistrats. Les magistrats agissent, le sénat délibère, et au-dessus plane le pouvoir suprême du peuple.

N'est-ce pas là l'application du fameux principe posé avec tant de concision par Rœderer deux mille ans après : Agir est le fait d'un seul, délibérer est le fait de plusieurs?

Si maintenant, de Rome, nous nous retournons vers les municipes, nous retrouvons ces trois pouvoirs.

Mais quelle qualité fallait-il : 1° pour être citoyen du municipe; 2° pour faire partie du sénat municipal; 3° enfin pour arriver aux magistratures de la cité? C'est ce qui va faire l'objet de trois titres suivants :

Titre I. — Du peuple.

De quels éléments se composait la population municipale?

Les habitants des municipes étaient divisés en deux classes bien distinctes: 1° Ceux qui étaient à proprement parler *municipes*, c'est-à-dire qui avaient le *jus originis;* 2° ceux qui ne tenaient à la cité que par leur domicile, et qui n'avaient par conséquent qu'un simple *jus incolatus.* Il est bien entendu que nous ne parlons ici que des hommes libres, il n'est nullement question des esclaves.

Avant d'examiner de quelles personnes se composaient ces deux classes, il est de toute nécessité de se fixer sur la condition et le rôle dans la cité de chacune d'elles. En d'autres termes, quel intérêt y avait-il à distinguer la population municipale en deux classes?

L'intérêt était capital : le simple *incola*, c'est-à-dire, celui qui n'avait que le *jus incolatus*, ne jouissait pas du droit de cité et n'avait dans le municipe qu'un simple domicile. Il ne pouvait donc participer à l'administration de la ville, soit dans les assemblées populaires, soit dans le sénat municipal. Il n'était donc ni électeur, ni éligible. Le *municeps*, au contraire, qui avait le *jus originis*, était citoyen de la république municipale ; il avait le droit de voter dans les comices et de se présenter aux suffrages de ses concitoyens pour arriver aux magistratures, *honores*, de la cité. Mais si les avantages dont jouissaient ces deux classes de citoyens étaient si différents, les charges qu'elles supportaient étaient absolument les mêmes ; elles pouvaient se ramener à trois : 1° obligation de se soumettre à une certaine juridiction locale ; 2° obligation de se soumettre à l'application d'un certain droit municipal ; 3° obligation de supporter certaines charges.

Le peuple de la cité ainsi composé de ces deux classes avait, sous la République, le pouvoir législatif, le pouvoir électoral et même le pouvoir judiciaire au grand criminel. Mais, sous l'Empire, tous ces pouvoirs lui furent successivement enlevés les uns après les autres. Aussi le pouvoir législatif et le pouvoir judiciaire ne survécurent pas aux premiers empereurs, et même on peut dire qu'en Italie le pouvoir législatif des municipes disparut à l'époque de la *lex Julia municipalis*, pour passer d'abord au Sénat et ensuite aux empereurs. Le pouvoir électoral dura plus longtemps, car on trouve encore des traces d'élections populaires sous Constantin. Mais d'une manière ou d'une autre, un peu plus tôt ou un peu plus tard, ce droit finit par disparaître comme les deux autres. La curie fut chargée de nommer les magistrats municipaux, sauf à tenir plus ou moins compte du vœu populaire. Cependant, à l'époque de la transformation du régime municipal en régime ecclésiastique, le pouvoir électoral ressuscita, et le peuple rouvrit ses comices pour se nommer des *defensores*. Les textes que nous avons, soit au Code, soit au Digeste, ne font nullement mention des deux classes de citoyens municipaux. C'est qu'à l'époque de Justinien, où ils furent révisés, il n'y avait plus de prérogatives; il n'y avait plus que des charges. On conçoit donc qu'il n'était plus nécessaire de faire distinction.

Voyons cependant quels étaient ceux qui, à l'époque où fleurissaient les municipes, avaient le *jus originis* et ceux qui n'avaient que le *jus incolatus*.

Du *jus originis*. — De quelle façon s'acquérait le *jus originis? Municipem*, dit Ulpien, loi 1 pr., D., liv. L., t. 1, *aut nativitas facit, aut manumissio, aut adoptio*. Il y avait donc trois manières de devenir citoyen d'une ville municipale : 1° la naissance; 2° l'affranchissement ; 3° l'adoption. Si de ce texte d'Ulpien, que nous venons de citer, nous rapprochons la loi 7 pr. C. l. X, tit. 39, qui paraît plus complète, nous lisons ce qui suit : *Cives quidem, origo, manumissio, adoptio, vel allectio facit.*

Qu'était-ce que l'*allectio?* Etait-ce réellement un quatrième moyen d'acquérir le *jus originis?* Cujas a examiné la question sans la trancher. Cependant, au lieu d'*allectio vel adoptio*, il cite, sans l'approuver, la variante *allectio* ID EST *adoptio.* Si nous approuvons cette correction, nous dirons que l'*allectio* et l'*adoptio* étant la même chose, il n'y a rien à ajouter au texte d'Ulpien, et qu'il n'y a par conséquent que trois moyens d'acquérir le *jus originis.* M. de Savigny repousse cette manière de voir, il croit que l'*allectio* était bien réellement un mode différent de l'*adoptio*, et, au lieu de faire la correction approuvée par Cujas, il remplace le mot *vel* par le mot *atque.* De cette façon, il n'y a plus de doute possible. Mais ne pourrait-on pas suivre l'opinion de M. de Savigny, sans rien changer au texte de la loi 7 ? Nous le croyons. En effet, 1° le mot latin *vel* n'est pas exactement l'équivalent du disjonctif français *ou.* Ce mot est employé par les auteurs presque aussi souvent comme conjonctif que comme disjonctif.

2° Le texte des Basiliques (1) ne laisse d'ailleurs

---

(1) On sait que les Basiliques ne sont autre chose que les divers recueils de Justinien, Code, Digeste, Institutes, traduits en langue grecque. Cette traduction, œuvre de l'empereur Basile le Macédonien, fut commencée en 876; mais son caractère d'authenticité ne lui fut donné que par Léon le philosophe, fils de Basile.

aucun doute. Que signifieraient dans l'opinion de Cujas ces mots des Basiliques? το αναπογραφηνα τοις πολιτοις, *adscriptio in numero civium* (1).

3° Pline le jeune dit positivement dans ses lettres que l'*allectio* était un moyen de devenir *municeps* en Bithynie. On y lit en effet ces mots qui ne laissent aucun doute : *Lege Pompeia permissum Bithynicis civitatibus, adscribere sibi quos vellent cives* (lettre 115).

4° Enfin, la nature même de l'*allectio* ne devrait-elle pas nous guider? Qu'exprimait-on en effet par là? Ce n'était autre chose qu'une sorte d'adoption dans laquelle l'adoptant était non plus un individu de la cité, mais la cité elle-même tout entière. Pourquoi aurait-on refusé à une ville le droit de récompenser ainsi un étranger pour les services qu'il avait rendus? Est-ce que Rome elle-même ne s'arrogeait pas le droit de recevoir qui bon lui semblait dans son sein? Pourquoi n'en aurait-il pas été de même des cités municipales? On peut donc affirmer sans crainte que les municipes avaient le droit d'adopter (*allegi*), comme les bourgeois du moyen-âge avaient le droit d'accorder la bourgeoisie, comme nous, nous avons le droit d'accorder la grande naturalisation aux étrangers.

Mais quelle était l'autorité compétente pour faire cette espèce d'adoption? Aucun texte, que je sache, ne tranche la question. C'était vraisemblablement la

(1) Synos. Basil., 57, lit. 4, C. 6.

curie, la représentation nationale. D'ailleurs, le mot *allegi* indique un choix fait par une collectivité.

Du *jus incolatus*. — Les habitants du municipe qui composaient la seconde classe de la population municipale n'avaient que le *jus incolatus*. Pour avoir ce *jus incolatus*, il fallait fixer son domicile dans les murs ou sur le territoire du municipe. Mais qu'entend-on donc par le mot domicile? M. Ortolan répond que « ce n'est autre chose que le siége légal, le siége « juridique de toute personne pour l'exercice ou « pour l'application de certains droits ; ou, en d'au- « tres termes, le siége, la demeure qu'une personne « est censée toujours avoir, aux yeux de la loi, pour « l'exercice ou l'application de certains droits. » La loi 7 au C., l. X, tit. 41 *de incolis* dit, d'une façon peut-être moins scientifique mais plus frappante, que « c'est le lieu où une personne a fixé sa résidence et « le siége principal de ses affaires et de ses intérêts, « le lieu qu'elle ne quitte point si rien ne l'appelle au « dehors, d'où, quand elle est absente, on dit qu'elle « voyage, et où, quand elle revient, on dit qu'elle est « de retour. »

En principe, le choix du domicile était libre ; on pouvait par conséquent transporter son domicile d'une ville dans une autre (1); cependant il était imposé par la loi dans certaines circonstances ; ainsi le

______

(1) Loi 34, D., liv. L , tit. 1, *ad Municip.*

fonctionnaire était domicilié dans la ville où il s'acquittait de ses fonctions (1); le relégué dans le lieu où il subissait sa peine, sans cesser pour cela d'être astreint aux charges de son ancien domicile (2). La simple résidence sur le territoire d'une ville ne suffisait pas pour l'établissement du domicile; ainsi, les étudiants, et leurs parents qui les accompagnaient, n'étaient réputés domiciliés dans la ville où ils faisaient leurs études qu'après un séjour de dix ans (3). La possession foncière sur le territoire du municipe ne suffisait pas non plus pour donner au possesseur le *jus incolatus;* cependant certaines villes eurent le privilége d'imposer des *munera* aux simples possesseurs non domiciliés.

La question de savoir si une personne pouvait avoir deux domiciles fut controversée; Labéon et quelques autres jurisconsultes pensaient que non (4). Mais Paul et Ulpien étaient d'un avis contraire (5). Ce dernier nous apprend même qu'on peut ne pas avoir de domicile, ce qui peut arriver : 1° lorsque pendant longtemps on consacre sa vie à des voyages; 2° quand on a quitté son domicile pour en chercher un nouveau et qu'on n'est encore fixé nulle part.

Lorsqu'il y a difficulté sur le point de savoir où

(1) Loi 23, D., liv. L, tit. 1; *ad Municip.*
(2) Loi 22, § 3, et loi 27, § 3, D., liv. L, tit. 1.
(3) Loi 2 et 3, C.; liv. X, tit. 41.
(4) Loi 5, C., liv. X, tit. 41.
(5) Loi 37, C., liv. X, tit. 41.

une personne est domiciliée, c'est le gouverneur de la province où se trouve la ville à laquelle cette personne refuse ses *munera*, qui est compétent pour connaître l'affaire (1). En résumé, on peut avoir le *jus incolatus* dans une ou plusieurs villes ou, ne l'avoir dans aucune. On peut avoir le *jus originis* dans une ville et le *jus incolatus* dans une autre. Enfin on peut avoir le *jus originis* dans plusieurs villes, c'est-à-dire qu'on peut être citoyen d'une ou plusieurs villes à la fois.

Titre II. — De la curie.

Nous aurons à examiner sous ce titre : 1° ce que c'était que la curie; 2° quelles étaient ses attributions; 3° comment elle se composait et se recrutait.

1° *Définition de la curie.* — Pour avoir une idée exacte de ce qu'était la curie sous le régime municipal romain, il faut bien se garder de la comparer à nos conseils municipaux d'aujourd'hui. En effet, les membres qui composent nos conseils municipaux actuels, sont nommés par les électeurs, pour un certain nombre d'années seulement. Pour arriver au conseil municipal, aucune distinction de naissance, aucun chiffre de fortune ne sont exigés. Tout Français, jouissant de ses droits civils et politiques, peut se mettre sur les rangs. La curie formait, au contraire, un ordre représentant

(1) Loi 37, D., liv. L, tit. 1.

l'élément aristocratique des municipes : pour y arriver il fallait avoir une certaine fortune; mais une fois qu'on y était arrivé, on conservait ses fonctions pendant toute sa vie, et même, il arriva un temps où le curiale transmit sa condition à sa postérité comme une noblesse héréditaire (1).

La curie était au municipe ce que le Sénat était à la République; c'était le conseil public établi dans chaque ville, pour administrer sa fortune et veiller à ses intérêts. Comme le Sénat romain, elle ne constituait d'abord que le second pouvoir gouvernemental; mais, par suite de l'effacement du peuple, elle devint le premier.

Dans certaines villes, on désignait, sous le nom de *sénat* municipal, ce que dans la plupart on appelait simplement la *curie*. Pourquoi s'étonner qu'il en fût ainsi, quand ces mêmes villes donnaient au lieu des réunions du conseil commun, le nom pompeux de capitole (2)?

Les membres qui composaient la curie s'appelèrent d'abord *décurions*, puis *curiales*. Pomponius (3) en donne le motif suivant : Quand Rome, dit-il, fondait une colonie, elle prenait la *dixième partie* de ceux qui étaient envoyés et elle en formait le *consilium publicum* de la colonie. Roth croit que les mots décurions et curiales

<hr>

(1) M. Serrigny, *Dr. public et adm. rom.*, t. I, p. 189.
(2) Dans les Pandectes, le conseil de la cité est souvent désigné par le mot *Ordo*.
(3) Loi 139, D., liv. L, tit. 48, *de Verb. signif.*

viennent simplement de *curia*, qui lui-même vient de
curare (1).

2° *Attributions de la curie.* — Puisque la curie municipale n'était autre chose qu'un sénat local, ne nous étonnons pas si elle suivit les destinées de ce grand corps
gouvernemental.

Pendant la République, le sénat avait un rôle prépondérant, bien que limité par la toute-puissance populaire. Sous l'Empire, ses attributions semblèrent
s'élargir au détriment du peuple qui ne fut plus consulté; mais ce ne fut là qu'un moyen pour les empereurs de dissimuler leurs empiétements, et bientôt
il n'eut plus pour mission que d'enregistrer toutes
leurs volontés.

Ces différentes transformations, qui enlevèrent successivement le pouvoir au peuple et au sénat, pour le
concentrer entre les mains des empereurs, se réfléchi-
rent dans la constitution municipale. Nous avons vu,
en effet, qu'à une époque, le peuple des municipes
avait eu le pouvoir électoral, le pouvoir législatif et
même une partie du pouvoir judiciaire, et que ces différents pouvoirs avaient disparu les uns après les autres
pour passer d'abord à la curie et enfin au gouverneur
de la province.

Et d'abord, en ce qui concerne le pouvoir législatif,
nous avons vu qu'à Rome, sous la République, le

(1) Roth., § 65 et 66, n° 27.

peuple l'exerçait dans ses comices, et que ce qui était
voté prenait le nom de *loi.* Quand le peuple n'eut plus de
comices, le pouvoir législatif passa au sénat et, les décisions de ce grand corps prirent le nom de *sénatus-consultes.* Enfin, quand le peuple et le sénat ne furent plus
rien, on donna aux résolutions des empereurs le nom
de *constitutions impériales.*

Dans les municipes, les choses se passèrent d'une
façon identique. Après l'effacement du peuple, les
gouverneurs des provinces attirèrent insensiblement
à eux, la décision de la plupart des affaires locales, sans
avoir presque d'égards pour les sénats municipaux.

En ce qui concerne le pouvoir électoral, le peuple
l'avait possédé, à Rome, dans toute sa plénitude. Sous
les empereurs, il passa au Sénat, mais voici comment :
quand il s'agissait de nommer un magistrat, l'empereur, au lieu de le nommer lui-même, présentait son
candidat au Sénat. Le Sénat savait parfaitement ce que
cela voulait dire, et il n'y avait jamais d'opposition ;
mais les formes étaient sauvées, puisqu'il y avait un
semblant d'élection.

De même dans les municipes : quand le peuple ne
fut plus rien, le gouverneur de la province réunit tous
les pouvoirs dans ses mains, et ce fut lui qui présenta
à la curie les candidats qu'elle devait élire. Cependant
comme les magistratures municipales ne relevaient pas
du pouvoir impérial au même degré que les magistratures de Rome, les sénats municipaux conservè-

rent, en général, plus de liberté dans leurs choix.

En résumé, la curie, avec son pouvoir de décision, était appelée à délibérer sur les affaires locales et à prononcer, toujours sur les affaires locales, des décrets qui ne devaient pas être *ambitiosa* (1), sous peine d'être cassés par le gouverneur de la province. Avec son pouvoir électoral, elle nommait les magistrats de l'ordre judiciaire et administratif.

3° *Composition et recrutement de la curie.* — Pour comprendre la composition de la curie, il faut encore se reporter au Sénat romain. Le Sénat fut composé à l'origine de trois cents membres qui représentaient les trente tribus. Quand il se fit des vides dans son sein, les censeurs (2) furent chargés de les combler. Cette énorme puissance conférée aux censeurs, de nommer les membres du Sénat, finit par soulever de si vives réclamations, qu'on fut obligé de limiter leurs choix. A partir de la loi Ogulnia, ils furent forcés de choisir

(1) Loi 2, C. liv. X, tit. 46, et loi 4, § 2, D., liv. L, tit. 9.

(2) S'il m'était permis de hasarder une opinion contraire dans ces matières si difficiles, peut-être dirais-je que ce qu'on appelle un droit de *nomination* n'était en réalité qu'un droit d'*élimination*, et voici comment : Les censeurs devaient classer les citoyens selon l'ordre auquel appartenait chacun d'eux; or, les magistrats siégeant au sénat devaient être inscrits au nombre des sénateurs. D'un autre côté, les censeurs avaient le droit de *notare* tous ceux dont la conduite était répréhensible. Qui nous dit que cette *nota censoria* n'était pas, pour les censeurs qui l'avaient faite, un motif de non-inscription sur l'album du Sénat? Dans cette opinion, la loi Ogulnia aurait simplement forcé les censeurs à inscrire tous ceux qui avaient droit à la curie, qu'ils fussent *notati* ou non.

parmi les magistrats sortis de fonctions. Or, comme à cette époque le peuple élisait les magistrats, on peut dire avec Cicéron qu'il nommait également les membres du sénat par une espèce de ricochet. Plus tard, les empereurs s'attribuèrent le pouvoir censorial pour avoir la nomination des sénateurs; mais ils se gardèrent bien d'observer les règles qui avaient été imposées aux censeurs depuis la loi Ogulnia : Ils firent un Sénat à leur convenance.

Il y avait dans le Sénat deux catégories de sénateurs 1° les sénateurs proprement dits ; 2° ceux *quibus in senatu sententiam dicere licet.* Ces derniers qui avaient voix délibérative, sans avoir pour cela rang de sénateurs, étaient les magistrats en exercice et même ceux sortis de fonctions.

Si du Sénat romain, nous revenons à la curie, nous trouvons aussi à l'origine de chaque municipe, une assemblée composée d'un certain nombre de membres. Comment se comblaient les vides qui se faisaient dans cette assemblée? Était-ce les censeurs qui, comme à Rome, étaient chargés de ce soin? Nous n'avons aucun texte précis sur la question ; il est même probable que les lois locales offraient d'assez grandes diversités dans les détails ; mais il résulte des lettres de Pline (1) que les magistrats suprêmes (*censores quinquennales*) étaient chargés d'inscrire sur l'*ordo*, les noms des sénateurs

____

(1) Pline le Jeune, liv. X, tit. 83.

municipaux. Plus tard, ce système changea. A quelle époque eut lieu ce changement? On peut répondre que vraisemblablement il se fit sous les Antonins, car Paul dit positivement dans la loi 7, § 2 D., liv. L, tit. 2 *de Decur.*, que les magistrats se recrutaient parmi les décurions et non les décurions parmi les magistrats. Il fallait donc, du temps de Paul, d'abord entrer dans la curie pour devenir ensuite magistrat : la curie fut alors, selon l'expression de M. de Valroger, « la pépinière des magistratures, tandis qu'autrefois les magistratures avaient été la pépinière de la curie. » Comment se comblèrent alors les vides du Sénat municipal? A qui revint le droit des censeurs dans ce second système? Il est vraisemblable que la curie eut alors à se compléter elle-même par son propre choix (1).

« Ce premier changement, ajoute M. de Valroger,
« fraya la voie à un second plus grave encore... Sup-
« posez que le curiale à remplacer ait laissé un fils qui
« possède les qualités requises ; ce fils est un candidat
« naturel ; son titre est d'autant plus facilement ac-
« cueilli, que ceux qui le choisissent, préparent ainsi
« un précédent qui pourra être utile à leurs propres
« enfants. Après ce premier pas, on en fit un autre :
« le décurion ne se contenta bientôt plus de cette pers-
« pective ; il desira assurer à son fils, de son vivant
« même, l'entrée de la curie. On alla jusqu'à ne pas

<hr>

(1) Loi 6, § 5, D., liv. L, tit. 2.

« attendre que le fils eût l'âge voulu (1); des enfants
« recevaient le titre de curiale pour en remplir plus
« tard les fonctions. Ainsi se constitua peu à peu par
« l'usage le principe que nous voyons en vigueur dans
« la seconde période de l'empire, sans qu'aucune loi
« l'ait introduit. Le fils du curiale est alors curiale lui-
« même par droit de naissance ou plutôt par une fata-
« lité de sa naissance; car, dans la décadence de l'em-
« pire, ce principe pesa sur les familles curiales comme
« une servitude détestée (2). Voilà ce que les curiales
« n'avaient pu prévoir, en cédant à la propension
« naturelle qu'ont les membres d'un corps, d'in-
« féoder dans leurs familles les avantages de leur posi-
« tion (3). »

Ainsi, il faut remarquer trois phases, quant au
mode de nomination des membres du Sénat municipal. D'abord, les censeurs sont chargés de combler les vides qui s'y font, en choisissant parmi les
magistrats sortis de fonctions; puis la curie se recrute
elle-même; enfin la charge de décurion devient héréditaire.

Les différents membres de la curie n'y siégeaient pas
confusément. La loi 2 *De albo scribendo* nous indique

(1) La Table d'Héraclée exige trente ans, mais les textes du Digeste
permettent d'accorder le décurionat à des mineurs de 25 ans et même
à des enfants. *Voy.*, en effet, la loi 6, § 1, D., liv. L, tit. 2, *de Decur.*

(2) *Voy.* plus haut.

(3) M. de Valroger, *Cours d'histoire du droit*, chapitre *des Libertés
municipales.*

de quelle façon était dressé l'album. Les premiers inscrits étaient les décurions revêtus par l'empereur de dignités spéciales, puis venaient ceux qui avaient rempli des magistratures municipales, mais de telle manière que celui-là fût le premier, qui avait exercé la fonction la plus distinguée. Enfin en dernier lieu on devait inscrire ceux qui n'avaient pas encore rempli d'*honores*, suivant l'ordre de leur entrée au Sénat; cependant, on devait faire en sorte que celui-là fût le premier, qui avait eu le plus de suffrages.

L'album de la cité de Canusium (1), qui date de l'année 223 de l'ère chrétienne, confirme et explique ces règles. Voici comment sont classés ses cent quarante-six sénateurs.

XXX Patroni, C.C. V.V. (clarissimi viri).

II Patroni, E.E. Q.Q. R.R. (equites romani).

VII Quinquennalicii.

IV Allecti inter quinquennales.

XXII Duumviralicii.

XIX Edilicii.

IX Quæstoricii.

XXI Pedani.

XXXII Prætextati.

Ainsi, d'abord les *patroni*, étrangers à la curie, qui n'étaient là que par une espèce d'honorariat; ensuite

---

(1) C'est une inscription sur bronze, conservée aujourd'hui à Florence, dans la galerie des Médicis.

venaient ceux qui avaient rempli des fonctions municipales, *quinquennales, duumviri, ædiles, quæstores;* enfin, ceux qui n'avaient exercé aucune fonction, les *pedani* et les *prætextati.* Les *pedani* étaient probablement
les décurions qui n'avaient été élevés encore à aucune
dignité et que les interprètes désignent sous le nom de
senatores pedarii. On a même soutenu que les *judices
pedanei* étaient pris parmi les sénateurs *pedarii* ou
pedani, d'où leur serait venu ce nom de *judices pedanei.*
Quant aux *prætextati,* leur condition est assez obscure.
M. de Savigny ne voit pas de différence entre eux et
les *pedani.* Niebuhr croit qu'on désignait ainsi les fils
de décurions qui n'avaient pas encore atteint l'âge légal
pour siéger et voter dans la curie.

Les dix premiers membres de la curie ainsi composée, prenaient le nom de *decemprimi,* et formaient une
décurie à part. On peut supposer que ces *decemprimi*
étaient chargés d'expédier les affaires les moins importantes. Les autres étaient réservées à la décision de la
curie tout entière. Cela ne veut pas dire cependant, que,
pour délibérer sur ces affaires réservées, il fallait que
tous les membres fussent présents. Non, les deux
tiers des membres inscrits suffisaient pour former l'assemblée régulièrement constituée. Les votes se donnaient dans l'ordre déterminé par l'*album* et la décision
prise se rédigeait dans la forme des sénatus-consultes.
Cette assemblée était vraisemblablement présidée par
celui qui était inscrit le premier sur l'*album.* Ce per-

sonnage portait le nom de *primus curiæ* ou *patronus civitatis.*

Quel était le sort des décisions prises par la curie? Il est probable que, dans les premiers temps, à l'époque où les municipes étaient complétement libres, les décisions de la curie étaient souveraines, sauf l'appel au peuple; mais cette liberté presque illimitée ne dura pas longtemps. Les gouverneurs des provinces prirent un droit de surveillance sur toute l'administration municipale et même il arriva un temps où ils s'arrogèrent le droit de réformer sans scrupule et par simple caprice les résolutions qui leur déplaisaient. Souvent même ils en référèrent à l'empereur pour des affaires de très-peu d'importance. Ainsi s'établit et s'étendit, cette centralisation, qui fut plus tard si funeste aux institutions municipales, et qui finit par livrer l'empire aux Barbares.

Titre III. — Des magistrats.

Au point où nous en sommes arrivés, nous connaissons parfaitement les deux pouvoirs municipaux qui délibéraient. Nous savons de quelles personnes se composait le peuple, et quelles décisions il pouvait prendre; nous savons également comment était composée la curie et quelles étaient ses attributions ; mais ce que nous ne savons pas encore, c'est comment les résolutions du peuple et de la curie étaient mises à exécution ; en d'autres termes, si nous connaissons le pouvoir délibérant, nous ne connaissons pas le pouvoir exécutif.

Le pouvoir exécutif municipal comprenait deux classes différentes de fonctionnaires : 1° ceux qui étaient investis de fonctions conférant les *honores* ; 2° ceux qui, n'ayant pas les *honores*, exerçaient certains emplois publics, *munera*. Les fonctionnaires qui avaient simplement des *munera* ne recevaient aucun salaire et n'obtenaient ni titre ni dignité : « *Publicum munus dicitur quod in administranda republica cum sumptu, suo titulo dignitatis subimus,* » dit Callistrate (1). Ces *munera* étaient établis le plus souvent, par les villes, pour suppléer à l'insuffisance de leur patrimoine, en rejetant une partie des charges et obligations nécessaires à leur bonne administration, sur ceux qui les habitaient. Ainsi, étaient investis de ces sortes de fonctions, les *scribæ*, qui n'étaient que des employés subalternes, les *syndici*, qui représentaient la ville en justice ; les *decaproti*, qui étaient chargés de la perception des revenus de la cité, etc. Ces sortes de fonctions, n'étaient pas, à proprement parler, des magistratures ; et quand on parle des magistrats municipaux, on n'entend généralement désigner que ceux qui étaient investis des *honores*. C'étaient : 1° les *quinquennales* ; 2° les *duumviri* ; 3° les *ædiles* ; 4° les *quæstores*.

Il va sans dire que ces quatre magistratures n'avaient

____

(1) Loi 14, § 1, D., liv. L., tit. 4 *de Munerib.*

pas des titulaires dans tous les municipes, car elles n'étaient, à elles quatre, qu'un démembrement d'une seule et même magistrature. De même qu'aujourd'hui, les maires, dans les communes de peu d'importance, sont chargés de la voirie et de la police, sans avoir pour les aider des fonctionnaires *ad hoc*, comme un second adjoint ou un commissaire de police, de même autrefois les *duumvirs*, dans les municipes peu importants, concentraient dans leurs mains toutes les magistratures municipales.

I. *Les quinquennales.* — Nous avons souvent répété que la constitution des municipes avait été calquée sur la constitution romaine. A quel magistrat romain ferons-nous donc correspondre le *quinquennalis* municipal?

Les textes que nous avons, ne précisent pas le rôle qu'il était appelé à jouer dans la cité : aussi trouvons-nous le monde savant divisé sur cette question difficile.

Premier système. M. de Savigny soutient, dans sa magnifique *Histoire du droit romain au moyen âge :* 1° que le *quinquennalis* municipal correspond au censeur romain (1); 2° que ce magistrat n'est pas du tout le même que le *duumvir* de l'année lustrale. Ainsi, selon le grand jurisconsulte allemand, non-seulement les villes municipales avaient une censure, mais cette

____

(1) Cette première idée paraît exacte, et les auteurs ne la combattent pas.

censure constituait dans chaque municipe, une magistrature spéciale, remplie, non pas par les duumvirs de l'année lustrale, mais par des magistrats distincts. Pour soutenir son opinion, M. de Savigny invoque deux arguments principaux : 1° *L'album* de la cité de Canusium indique clairement que les *quinquennales* n'étaient pas simplement les duumvirs en exercice à la fin du lustre, puisqu'il place les *quinquennalicii* avant les *duumviralicii;* il fallait donc que ce fussent des magistrats tout-à-fait différents ; 2° dans certains textes l'autorité du *quinquennalis* était expressément appelée censoriale.

On peut répondre à M. de Savigny : 1° De ce que l'album du municipe de Canusium donne aux *quinquennalicii* la priorité sur les *duumviralicii* il ne faut pas en conclure pour cela que ce fussent deux magistrats distincts. Il pouvoit bien se faire que les *duumviri* ne fussent pas *quinquennales*, mais les *quinquennales* étaient toujours *duumviri*, et le seul avantage qu'ils avaient sur les autres *duumviri*, c'était qu'ils avaient exercé leur fonctions pendant l'année lustrale; on comprend qu'à raison de cela, ils eussent le privilége de passer avant les simples *duumviri ;* 2° certains textes, il est vrai, donnent à l'autorité du *quinquennalis* la qualification de censoriale; mais il ne faut pas s'attacher strictement à une expression pour y bâtir tout un système. Ne disons-nous pas nous-mêmes tous les jours que le maire est roi dans sa commune? Et ce-

pendant, cette forme de langage n'est pas complète-
ment exacte : c'est une comparaison que nous faisons,
et tout le monde sait que *omnis comparatio claudicat.*

Deuxième système. Zumpt et M. de Valroger adop-
tent la première idée de M. de Savigny et repoussent
la seconde. Il est parfaitement exact, disent ces auteurs, que le *quinquennalis* était une espèce de censeur
municipal, mais ce n'était pas un magistrat distinct du
duumvir de l'année lustrale. Ce magistrat n'avait
qu'une dignité accidentelle qui venait se joindre tous
les cinq ans à celle des duumvirs en exercice. Ainsi
la fonction de *duumvir* était doublée tous les cinq ans
de celle de censeur. En effet : 1° plusieurs historiens
et même un assez grand nombre d'inscriptions donnent à certains duumvirs la qualification de *quinquennales;* 2° la table d'Héraclée dissipe tous les doutes,
puisqu'elle nous montre clairement que les fonctions
des censeurs ne furent pas attribuées, dans les municipes, à des magistrats spéciaux; quoi de plus rationnel que d'en conclure que les duumvirs cumulèrent la
censure municipale et le duumvirat, et cela, surtout
quand on a des inscriptions dans lesquelles les duumvirs reçoivent la qualification de *quinquennales?*

II. *Des duumvirs.* — De toutes les magistratures municipales la plus ancienne était le *duumvirat.* On l'appelait ainsi, parce que les magistrats qui l'occupaient
étaient au nombre de deux. C'était l'image du consulat
romain avant l'institution de la préture. La durée ordi-

naire du duumvirat était d'une année simplement (1).
Cependant il paraît que Constantin força ces magistrats
à rester deux ans en fonctions.

Les duumvirs avaient deux espèces d'attributions :
1° des attributions administratives et 2° des attributions judiciaires.

1° Comme administrateurs, les duumvirs prési-
daient les assemblées du peuple et du sénat municipal,
avaient la direction de toutes les affaires qui n'étaient
pas attribuées à des magistrats spéciaux, et mettaient
à exécution les délibérations prises par la curie ou par
le peuple. Chacun des duumvirs avait à lui seul toute
la puissance; par conséquent chacun d'eux pouvait
s'opposer par son *intercessio* aux actes de son collè-
gue ou d'un magistrat inférieur. Pour les poursuivre
en justice, il n'était besoin d'aucune espèce d'autorisation (2); ils ne pouvaient même pas punir ceux qui
méconnaissaient leur juridiction (3).

2° Après l'administration, la juridiction était la partie
la plus importante des fonctions duumvirales. Dans
les inscriptions, le titre des duumvirs est souvent suivi
des lettres J. D., *juri dicundo.* Il est probable que
comme ils étaient deux, et que leurs attributions
étaient doubles, ils se les partagèrent. Celui qui fut in-

(1) Loi 48, D., lib. V, tit. 1.

(2) Lois 32 et 45, § 39, D., lib. XLVII, tit. 10, *de Injuriis.* — Aujour-
d'hui, les agents du gouvernement ne peuvent être poursuivis qu'après
une décision du conseil d'État. (Art. 75 de la Const. de l'an VIII.)

(3) Loi 1, p. D., lib. II, tit. 3, *si quis jus dicenti.*

vesti de l'administration s'appela simplement *duumvir* et celui qui fut chargé de la juridiction *duumvir juridicundo*. C'est en séparant ainsi les différentes attributions de ces magistrats qu'on parvient à expliquer comment, dans certaines villes, il y avait des *quatuorviri*. En effet, dans ces localités, les *duumvirs* pouvaient cumuler les fonctions de duumvir, c'est-à-dire l'administration et la juridiction, avec la police urbaine ; alors on les appelait : *duumviri ædilitiæ potestatis*. De cette façon, on voit clairement que les duumvirs n'étaient jamais quatre titulaires pour exercer leur magistrature, mais que les deux duumvirs pouvaient très-bien être les titulaires de deux magistratures (l'édilité et le duumvirat) qui réclamaient quatre fonctionnaires.

III. *Des Édiles.* Les édiles avaient dans les municipes les mêmes attributions qu'à Rome ; ainsi ils avaient la surintendance de tous les édifices publics ou communaux, et veillaient à leur construction et à leur entretien. Tout ce qui concernait la salubrité de la ville, comme la distribution des eaux, le pavage des rues, les alignements, rentrait dans leurs attributions. Ils avaient encore la police des marchés, des bains, des tavernes, des lieux de plaisir. Enfin, tout ce que nous rangerions aujourd'hui dans les attributions du commissaire de police était du ressort des édiles ; ils avaient même le droit de prononcer des petites condamnations.

Dans les villes de peu d'importance, il n'y avait pas d'édiles, et les duumvirs, qui, dans ce cas-là, exerçaient leurs fonctions, prenaient le nom de *quatuorviri* ou *duumviri ædilitiæ potestatis*.

IV. *Des Questeurs.* Les questeurs étaient des magistrats chargés du maniement des deniers du municipe. Comme l'administration suprême du trésor municipal appartenait au sénat municipal, ils étaient sous son autorité immédiate. C'étaient eux qui remplissaient les fonctions de receveurs et de payeurs. Ils tenaient registre de toutes les rentrées et de toutes les dépenses et poursuivaient tous les débiteurs de la ville ; mais ils ne pouvaient disposer d'aucune partie des fonds mis à leur disposition, sans l'autorisation de la curie. Les tables de Malaga et de Salpensa les placent à côté des édiles ; par conséquent les textes du Digeste qui ne leur accordent qu'un simple *munus* (1) ne sont applicables qu'à l'époque de la décadence municipale.

(1) Loi 18, § 2, D., lib. L, tit. 4, *de Muneribus.*

CHAPITRE II

Origines des biens communaux.

Les villes constituées, ainsi que nous venons de l'établir, avaient des droits et des devoirs. Elles formaient ce que nous appelons aujourd'hui des *personnes morales* et ce que les Romains désignaient sous le titre générique d'*universitates*.

L'*universitas* a une personnalité à part : ses intérêts sont distincts de ceux de l'ensemble des citoyens considérés *ut singuli*. Nous devons donc poser en principe fondamental que la propriété, les droits, les actions de la ville, loin d'être dans le patrimoine de chacun des habitants, chacun pour sa part, sont exclusivement dans celui de l'être juridique, créé par la toute-puissance de la loi, dans le patrimoine de la ville. Ce principe, avec les conséquences qui en découlent, est proclamé dans une foule de textes du Digeste et des Pandectes. Citons les plus saillants :

1° Les créances municipales ne sont pas divisibles entre tous les citoyens du municipe, de même que les dettes ne peuvent être poursuivies sur chacun d'eux. *Si quid universitati debetur*, dit la loi 7, § 1, D. *quod cujusc. univ.* (liv. III, t. 4), *singulis non debetur, nec quod debet universitas, singuli debent.*

2° Si un procès criminel est intenté contre un habitant du municipe, l'esclave de ce municipe peut être mis à la torture, tant en faveur de l'accusé que contre lui, *quia non sit civium servus, sed reipublicæ* (1). Il en eût été différemment, d'après les principes du droit pénal, si cet habitant eût été propriétaire de cet esclave, même pour partie indivise. *Communis servus, in caput alterius ex dominis torqueri non potest* (2).

3° Toute personne étrangère au municipe peut acquérir une servitude sur le fonds municipal. En est-il de même de l'habitant du municipe? Il faut répondre affirmativement. Concluons-en que les deux fonds appartiennent à deux propriétaires différents, car les servitudes ne s'acquièrent pas pour partie et *nemini res sua servit,* ce qui arriverait si l'habitant de la ville était propriétaire, même pour partie du fonds communal (3).

---

(1) Loi 1, § 7, D., liv. XLVIII, tit. 18.
(2) *Pauli sententiæ*, liv. V, tit. 16, 6.
(3) Loi 8, § 1, liv. VIII, tit. 1 ; surtout loi 6, § 1, liv. VIII, tit. 4.

Le principe de la personnalité des cités que nous avons posé plus haut est donc entièrement démontré.

SECTION I.

ORIGINES ET SOURCES DES BIENS COMMUNAUX.

Les origines des biens communaux sont multiples ; nous allons voir les principales.

I. *Biens laissés indivis.*

Quand Romulus partagea entre ses compagnons les terres du territoire romain, il en fit trois parts : la première, il se la réserva ; la seconde fut distribuée entre tous les citoyens : chacun reçut sa part (*agri limitati*) ; enfin la troisième, qui prit le nom d'*ager publicus*, fut laissée indivise entre tous les habitants. Comme à cette époque Rome n'était autre chose qu'une ville comme une autre, cette troisième part, laissée indivise, était réellement un bien communal ; mais plus tard, quand la misérable cité de Romulus étendit sa puissance, d'abord sur les contrées voisines, et puis sur l'Italie tout entière, ces biens, qui s'étaient considérablement augmentés par l'annexion des pays conquis, subirent une transformation. Au lieu de rester dans le patrimoine de la ville, ils devinrent biens de l'État (1). Plusieurs

(1) Ce sont ces biens dont s'emparèrent les patriciens, moyennant une redevance qu'ils ne payèrent pas, et qui furent l'objet des justes réclamations des Gracches.

auteurs (1) ont prétendu que c'était là l'origine première des biens communaux. Je crois qu'ils sont dans
l'erreur et cela tient à ce qu'ils n'ont pas tenu compte
de la transformation dont nous venons de parler,
transformation qui a mis dans le domaine de l'État ce
qui était dans le domaine de la ville.

Non, là n'est pas le berceau de la propriété communale ; c'est dans les colonies et dans les municipes que
nous devons la rechercher.

Transportons-nous donc aux colonies, et nous verrons les fondateurs procéder à la même opération que
Romulus, mais aucune transformation ne surviendra :
Les biens laissés indivis resteront aux colonies ; l'état
n'y aura aucun droit. *Sunt autem loca publica hæ quæ
inscribuntur ut sylvæ et pascua publica Augustinorum.
Hæc videntur hominibus data quæ etiam vendere possunt.
Est alia inscriptio qua diversa significatio videtur esse
in quo loco inscribitur : Sylva et pascua aut fundus sep-
ticianus Coloniæ Augustæ concordiæ.* Hæc inscriptio
videtur ad personam coloniæ ipsius, pertinere quæ
nullo modo alienari possunt a republica (2).

Aggenus Urbicus, auquel nous avons emprunté ces
lignes, s'exprime ainsi dans un autre passage de son
livre *De Controversia agrorum : Relicta sunt et multa
loca quæ veteranis data non sunt. Hæc variis appellaio-*

<hr>

(1) M. Vuy, *de Orig. et natura juris emphyt.* — *Voy.* aussi M. Laboulaye, *Revue de législation*, t. IX.

(2) *Voy.* le recueil *Rei agrariæ scriptorum* de M. Giraud, p. 54.

nibus per regiones appellantur. In Etruria COMMUNALIA
vocantur (1).

On voit qu'en Étrurie on se servait du mot *communalia* pour exprimer ce que nous appelons aujour-
d'hui *communaux proprement dits.* Isidore (2) les appelait *compascui agri. Compascuus ager dictus, qui a
divisoribus agrorum relictus est ad pascendum communiter vicinis.*

II. *Acquisitions à titre onéreux et à titre gratuit.*

Les villes avaient comme les particuliers le droit
d'augmenter leur domaine aussi bien à titre onéreux
qu'à titre gratuit ; seulement tous les modes d'acquérir
énumérés par Ulpien (3) ne leur étaient pas ouverts.

Quels étaient ceux qui pouvaient être employés par
les municipes ?

1° En ce qui concerne la *mancipatio*, elle pouvait
être faite par les esclaves de la cité ; mais elle était
complétement nulle quand elle émanait soit d'un mandataire, soit d'un fonctionnaire quelconque. Gaïus
(*Com.*, II, § 95) est on ne peut plus affirmatif sur ce
point : *Ex his apparet, per liberos homines quos neque
juri nostro subjectos habemus, neque bona fide possi-
demus... nulla ex causa nobis adquiri posse ; et hoc*

(1) Même recueil, p. 45, et Ducange, v° *Communia.*
(2) *Origin.*, liv. XV, c. I.
(3) Mancipatio, usucapio, cessio in jure, adjudicatio lex.

est quod dicitur per extraneam personam nihil adquiri posse.

Nous dirons donc, que, quand Pline parle dans sa lettre 18, liv. VII d'une mancipation faite à l'*actor publicus* d'une cité, *actori publico mancipavi*, il n'entend pas parler d'une personne libre, mais d'un esclave de la ville.

2° *Usucapio.* — Nous verrons plus tard, quand nous parlerons de la possession, ce qu'il faut décider relativement à l'acquisition des cités par usucapion.

3° La *cessio in jure* était un procès fictif: or, *nemo alieno nomine lege agere potest;* par conséquent, les villes ne pouvant agir que par représentants, ne pouvaient pas user de ce mode d'acquisition, pas même par l'entremise de leurs esclaves (1). C'est là une différence marquée entre la *mancipatio* et la *cessio in jure.*

4° Quant à l'*adjudicatio*, rien ne s'opposait à ce qu'elle ne fût faite par le *judex* au profit du municipe qui pouvait avoir des propriétés indivises avec des particuliers.

5° Enfin les villes pouvaient acquérir LEGE. C'est ainsi que sans devancer ce que nous avons à dire sur les hérédités, nous pouvons poser en principe qu'elles succédaient, de par la loi, aux décurions morts *ab intestat* sans héritiers légitimes, et aussi aux biens de ceux dont la condamnation emportait peine de con-

____

(1) Gaius, Com. II, § 96.

fiscation. La loi 10 au Code, liv. IX, t. 49, indique
plusieurs distinctions suivant lesquelles tout ou partie
de la succession du condamné revenait à la curie.

III. *Successions. — Legs. — Fidéicommis.*

La personnalité juridique des villes étant l'œuvre
de la loi, il appartenait à la loi de fixer limitativement
leurs droits et leurs devoirs. Ne nous étonnons donc
pas si le droit d'acquérir par succession ne leur fut
octroyé que très-tard. Le législateur avait été frappé
par cette considération juste, au fond, que la ville, être
moral, étant pour ainsi dire immortelle, ne devait pas
avoir le droit d'accaparer, aux dépens des particuliers,
des biens qu'elle pourrait garder éternellement. L'être
moral, en effet, n'est pas comme le simple particulier;
il n'a pas à compter avec le temps; ses biens ne sont
pas divisés à chaque génération; pour lui il n'y a pas
de générations, ou plutôt il les voit toutes passer, et
lui seul reste debout.

Les successions sont ou testamentaire ou *ab intestat.*

1° *Succession ab intestat.* — Il semble bien que les
villes ne devaient pas avoir droit aux hérédités *ab
intestat*, puisqu'elles n'avaient pas de famille; en
effet, les jurisconsultes s'arrêtèrent longtemps à cette
idée; mais quand, plus tard, on leur eut accordé le
droit d'affranchir leurs esclaves (1), il fallut bien,

(1) Loi 1, D., liv. LV, tit. 3.

comme conséquence, leur accorder également le droit de succéder à leurs affranchis morts sans testament : *Si municipes*, dit Ulpien, *servum manumiserint, admittentur ad legitimam hereditatem in bonis liberti vel libertæ intestatorum* (1).

2° *Succession testamentaire.* — Si, dans le principe, il n'était pas permis aux villes de succéder *ab intestat*, en était-il de même quand elles venaient réclamer une succession testamentaire ?

Ulpien nous répond affirmativement : *Nec municipia, nec municipes heredes institui possunt, quoniam incertum corpus est ut neque cernere universi, neque pro herede gerere possint ut heredes fiant* (2). Ainsi, peu importe que le testateur ait institué la cité, personne morale, *municipium*, ou bien tous les habitants, *municipes :* son testament n'en sera pas moins nul. Quel motif en donne Ulpien ? *Quoniam incertum corpus est ut neque cernere universi, neque pro herede gerere possint.* Ulpien semble dire que si les villes sont incapables de recevoir une hérédité testamentaire, cela tient 1° à ce qu'elles sont considérées comme personnes incertaines, *quoniam incertum corpus est;* 2° à ce que tous les citoyens de la ville, *universi*, ne peuvent concourir simultanément aux actes de l'adition d'hérédité.

Mais 1° la cité n'est pas une *personne incertaine*, ainsi

(1) Loi 3, D., liv. XXXVIII, tit. 16.
(2) *Regul. lib.*, tit. 22, § 5.

que l'entendaient les jurisconsultes. Pour eux, en effet, la personne incertaine était celle que le testateur ne pouvait pas désigner individuellement, et dont la désignation pouvait s'appliquer à tel ou à tel, suivant les circonstances, comme par exemple la première personne qui viendrait à ses funérailles. La ville, au contraire, instituée par le testateur, a une existence à l'abri de tout changement fortuit ; son institution ne dépend pas de telle ou telle circonstance ; en l'instituant le testateur sait parfaitement qui il institue ; 2° le deuxième motif que semble donner Ulpien, *ut neque cernere universi*, etc., ne vaut guère mieux. En effet, est-ce qu'il n'est pas possible à tous les habitants, *universi*, d'une cité de se réunir pour faire une adition d'hérédité? D'ailleurs le nombre des habitants de la ville ne peut-il pas se réduire à deux ou trois et même à une seule personne? Quel sens donner dans ce cas à la décision d'Ulpien?

Il faut donc chercher une autre interprétation au texte du jurisconsulte romain. Ne pourrait-on pas la trouver dans ce principe, que pour acquérir une succession, il faut agir par soi-même et non par un représentant? Dans l'ancien droit, ne fallait-il pas, en effet, que le pupille *infans* fît lui-même adition quoiqu'il eût un tuteur et même des esclaves? Or la ville, ne pouvant agir que par mandataire, ne pouvait par conséquent pas faire adition d'hérédité; elle pouvait encore moins faire la *cretio* par elle-même, *quoniam in-*

certum corpus est, attendu que n'ayant qu'une existence fictive, elle ne pouvait ni vouloir ni agir elle-même.

Voilà pour l'ancien droit : mais ces principes étaient beaucoup trop rigoureux pour qu'on ne cherchât pas à les éluder. Une première dérogation y fut faite par le sénatus-consulte Apronien, qui vint valider les fidéi-commis faits au profit des municipes : *Omnibus civitatibus quæ sub imperio populi romani sunt restitui debere et posse hereditatem fideicommissam Apronianum senatus-consultum jubet* (1). Ce sénatus-consulte n'inaugura rien de nouveau, il ne fit que consacrer un état de choses qui existait déjà dans la pratique. En conséquence la cité fut dès lors juridiquement investie activement et passivement des créances héréditaires, et elle dut choisir un *actor ad agendum et ad excipiendas actiones* (2).

Plus tard, quand la loi concéda aux villes le droit de succéder *ab intestat* à leurs affranchis, il devenait logique de leur concéder également le droit de recevoir d'eux par testament. C'est ce que fit un second senatus-consulte qui est visé par Ulpien dans son livre *de Regulis juris*, titre 22, § 5 : *Senatus consulto tamen concessum est ut a libertis suis heredes institui possint.*

Enfin l'empereur Léon alla plus loin encore. Jusqu'à lui, comme nous venons de le voir, les cités n'avaient pu recevoir par testament que les successions de leurs

(1) Loi 26, D., liv. XXXVI, tit. 1.
(2) Loi 27, pr. D. cod. tit.

affranchis. Léon leur permit de recevoir toute espèce de successions, que ce fussent celles de leurs affranchis ou de personnes étrangères (1).

3° *Legs et Fidéicommis.* — Tant que les villes n'eurent pas le droit d'acquérir par succession testamentaire, elles n'eurent pas non plus le droit d'acquérir par legs ; mais du jour que le senatus-consulte Apronien leur permit d'arriver à l'hérédité fidéicommissaire, il devenait naturel de leur permettre également de recevoir des legs. C'est ce que fit Nerva. Ulpien nous le dit (*Reg.*, t. 24, § 28) : *Civitatibus omnibus quæ sub imperio populi romani sunt legari potest : idque a divo Nerva introductum postea a senatu auctore Adriano diligentius constitutum est.*

Il faut remarquer qu'Ulpien ne distingue nullement entre les quatre espèces de legs, et cependant Pline, qui vivait après Nerva, nous dit : *Nec præcipere posse constat rempublicam.* Comment expliquer cette contradiction ?

M. de Savigny pense, avec raison, je crois, que Pline ne parle que du legs *per præceptionem*, et il en donne une raison très-satisfaisante. Pour avoir un legs *per præceptionem*, dit-il, il fallait nécessairement être héritier ; or, les villes ne reçurent le droit d'être instituées héritières que sous Léon ; il s'ensuit donc que, jusqu'à lui, tout legs fait à leur profit était nul.

____

(1) Loi 12, C. liv. VI, tit. 24.

Les villes qui recevaient des legs avaient tous les droits d'un particulier, mais elles n'en avaient pas davantage. C'est ainsi que, s'il y avait lieu d'appliquer les règles de la quarte Falcidie, elles étaient frappées aussi bien que les particuliers.

Du reste, elles pouvaient recevoir sous toutes espèces de modalités, terme, condition, mode proprement dit, etc. Ainsi, Gaïus nous apprend que, de son temps, non-seulement les villes, mais les *vici* (1) avaient le droit de recevoir des legs qui avaient pour but de fournir des aliments aux vieillards, aux jeunes garçons et aux jeunes filles: *Si quid relictum sit civitatibus*, dit Marcien, *omne valet: sive in distributionem relinquatur, sive in opus, sive in alimenta vel in eruditionem puerorum, sive quid aliud* (2).

Une autre source des richesses municipales fut le produit des octrois et des halles et marchés. — Jules César, au rapport de Suétone, est le premier qui ait frappé d'un droit d'importation les produits étrangers. Plus tard, les empereurs étendirent singulièrement cet impôt, et le même Suétone nous dit, dans sa *Vie*

(1) Loi 73, *in fine*, D. liv. XXX, tit. 1. Il est des auteurs qui, s'appuyant sur ce passage de Gaïus et aussi sur la loi 13 au Cod. Théod., liv. VII, tit. 18, ont prétendu que les *vici* avaient leurs municipalités spéciales; mais M. Serrigny, dans son livre sur le *Dr. public et adm. des Romains*, t. I, p. 181, soutient que les villages étaient groupés plusieurs ensemble autour d'une municipalité unique siégeant au chef-lieu, comme nos communes au-dessous de cinq mille âmes sous la Constitution de l'an III.

(2) Loi 117, D., liv. XXX, tit. 1.

de Caligula (1), que ce prince, non content d'imposer
les objets de consommation, alla jusqu'à spéculer sur
la prostitution. En effet, une loi parut, et chaque femme
qui se livrait pour de l'argent, dut verser au fisc
quantum uno concubitu mereret. Cet impôt était très-
productif; mais, comme il était avant tout un impôt
municipal, et que les deniers en provenant devaient
être versés dans la caisse municipale, il excita
souvent la convoitise des empereurs. C'est ainsi
que Tibère enleva aux Gaules et à l'Espagne cette
source de richesses, ainsi que leurs droits sur leurs
mines (2).

Pour établir des octrois, il fallait que la curie déli-
bérât et que sa délibération fût approuvée par un res-
crit de l'empereur: *Vectigalia sine imperatorum præcepto
neque præsidi, neque curatori, neque curiæ constituere
nec præcedentia reformare, et his vel addere vel diminuere
licet* (3). Sévère et Antonin Caracalla nous disent même
que, si la ville *n'était pas tellement épuisée qu'elle eût besoin d'un secours extraordinaire*, ils n'en permettraient
pas l'établissement: *Ne quidem temere permittenda est
novorum vectigalium exactio; sed si adeo tenuis est patria tua ut extraordinario auxilio juvari debeat, allega
præsidi provinciæ quæ in libellum contulisti, qui re di-
ligenter inspecta, utilitatem communem intuitus, scribet*

(1) Suétone, *Vie de Caligula*, p. 103.
(2) Suétone, *Vie de Tibère*, p. 70.
(3) Loi 10, D., liv. XXXIX, tit. 4.

nobis quid compererit; et an habenda sit ratio vestri quatenus existimabimus (1).

Dans le principe, les octrois n'étaient pas établis *in perpetuum;* si le besoin extraordinaire qui avait donné lieu à leur naissance venait à cesser, ils devaient être supprimés ; mais une constitution d'Arcadius et d'Ilonorius vint en consacrer la perpétuité : *Firma his atque ad habendum perpetua manere præcepimus neque nullam contrariam supplicantium super his molestiam formidari* (2).

SECTION II.

COMPOSITION DU DOMAINE COMMUNAL.

1° PLEINE PROPRIÉTÉ. — Les municipes pouvaient avoir sur les choses une propriété pleine et entière, c'est-à-dire les trois droits réunis d'*uti, frui* et *abuti*. Ainsi tous les objets qu'ils acquéraient par voie d'achat, de donation, de succession, etc., devenaient pleinement et entièrement leur propriété.

2° POSSESSION. — On entend par possession le fait d'une personne qui se comporte à l'égard de la chose possédée comme un propriétaire. Pour acquérir la possession il faut avoir le *corpus* et l'*animus possidendi*, c'est-à-dire 1° la possession physique, ou du moins la

(1) Loi 1, C., liv. IV, tit. 62.
(2) Loi 10, C., liv. IV, tit. 61.

disposition de la chose; 2° l'intention d'en être propriétaire : or, les villes étant des êtres de raison, ne pouvaient avoir par elles-mêmes ni la détention physique des choses, ni l'intention d'en être propriétaires : *Municipes per se nihil possidere possunt, quia uni consentire non possunt. Forum autem et basilicam, hisque similia non possident : sed promiscue his utuntur*(1). Mais le pouvaient-elles, au moins, par l'entremise de leurs esclaves ou de leurs représentants?

Pour posséder de cette manière, il faut nécessairement trois choses : 1° une relation de droit entre le représentant et le représenté; 2° l'intention chez le représentant de posséder pour le représenté; 3° la volonté chez le représenté de posséder *animo domini*. Les deux premières conditions pouvaient très-bien se trouver réunies chez les municipes, mais la troisième devait toujours faire défaut. Il est, en effet, impossible de supposer qu'un être purement abstrait, qui n'a qu'une existence fictive, puisse avoir la volonté d'acquérir. En conséquence, on décidait que les villes ne pouvaient posséder, ni par elles-mêmes, ni par leurs esclaves, ni par leurs représentants.

Plus tard, quand la rigueur des principes eut été adoucie par les tempéraments qu'y apportèrent les jurisconsultes, on décida, ou du moins certains auteurs

(1) Loi 1, § 22, D., liv. XLI, tit. 2.

5

décidèrent que les municipes pouvaient posséder les choses acquises *peculiariter* par leurs esclaves : Paul nous dit que le premier qui enseigna cette doctrine fut Nerva. *Sed Nerva filius*, dit-il, *ait per servum, quæ peculiariter adquisierint, et possidere et usucapere posse* (1). Ainsi Nerva pensait que par cela seul que la ville avait donné à son esclave la permission d'avoir un pécule, elle avait eu une fois pour toutes l'intention, l'*animus possidendi*, qu'il lui fallait, pour acquérir par la possession. Mais c'était faire une pétition de principes ; c'était admettre, ni plus ni moins, que la ville avait eu, une fois pour toutes, l'*animus domini*, en confiant un pécule à ses esclaves. Aussi Paul ajoute dans sa même loi 1, § 22, *De acquir. vel amitt.* (liv. XLI, tit. 2): *Sed quidam contra putant; quoniam ipsos servos non possideant;* d'autres auteurs pensaient le contraire, et ils s'appuyaient justement sur Paul, qui nous dit que les municipes ne possédaient pas même leurs esclaves : *quoniam ipsos servos non possideant.* Il est difficile, en effet, d'acquérir la possession par un esclave qu'on ne possède pas.

Quoi qu'il en soit, on finit par admettre que les villes pouvaient acquérir la possession, non-seulement par elles-mêmes, mais encore par leurs esclaves et par leurs représentants : *Sed hoc jure utimur*, nous dit Ulpien, qui était cependant le contemporain de Paul,

____

(1) Loi 1, § 22, *in fine*, liv. XLI, tit. 2.

ut et possidere et usucapere municipes possint : idque eis et per servum, et per liberam personam adquiratur (1).

M. de Savigny a soutenu une opinion qui n'est ni plus ni moins que le renversement de tout ce que nous venons de dire sur la possession. Selon lui, non-seulement les municipes, mais toutes les personnes morales ont eu de tous temps le droit d'acquérir par la possession.

Peut-être avons-nous pour nous les principes, mais très-certainement la pratique était pour lui.

Voici comment raisonne l'éminent jurisconsulte allemand :

De tous temps, les villes ont eu des esclaves, ceci est incontestable et incontesté; or elles ne pouvaient devenir propriétaires d'un esclave que par la possession; donc elles ont toujours eu la possession. La première proposition de M. de Savigny est de toute exactitude; mais il n'en est pas de même de la seconde; partant la conclusion est fausse.

En effet, les villes n'avaient pas que la possesion pour acquérir des esclaves, elles avaient encore le legs *per vindicationem*. Et puis, n'avons-nous pas vu que lors de leur fondation, elles recevaient certains biens par l'acte de leur constitution? Au nombre de ces biens pouvaient très-bien se trouver des esclaves. Il faut donc conclure de tout cela que M. de Savigny s'est trompé et que notre doctrine reste entière debout.

(1) Loi 2, *cod. titulo.*

3° DÉMEMBREMENTS DE LA PROPRIÉTÉ.

§ 1. *Usus.* — Les municipes ne pouvaient pas avoir le droit d'*usus*, attendu que l'exercice de ce droit exige nécessairement le fait propre et personnel du titulaire, et que les municipes, étant des personnes morales, ne pouvaient remplir cette condition.

§ 2. *Servitudes.* — Ils pouvaient au contraire avoir toutes sortes de servitudes actives établies au profit de leurs héritages sur ceux de leurs voisins. Quant au mode d'acquisition, il fallait user de distinctions, suivant qu'il s'agissait de servitudes prédiales ou de servitudes urbaines. Les servitudes prédiales s'acquéraient par la mancipation faite à un esclave de la cité, attendu qu'elles étaient *res mancipi*. Les servitudes urbaines étant, au contraire, *res nec mancipi*, ne pouvaient pas s'acquérir de cette manière. Les autres moyens d'acquérir étaient communs aux servitudes prédiales et aux servitudes urbaines. Ainsi, les unes comme les autres pouvaient s'acquérir par le legs *per vindicationem* et par la *quasi-possession*. Il faut pourtant ajouter que ce dernier mode ne se développa que sous les grands jurisconsultes.

Nous avons vu plus haut, que les villes ne pouvaient rien recevoir par la *cessio in jure;* il est par conséquent tout à fait inutile de répéter ici, à propos des servitudes, les motifs q c nous en avons donnés.

§ 3. *Usufruit.* — Si, à la rigueur, on s'explique pourquoi les jurisconsultes refusèrent aux municipes le droit d'*usus*, on ne saurait comprendre, au contraire, pourquoi ils leur auraient refusé le droit d'*usufruit*. Aussi ne leur fut-il jamais contesté.

Il leur était acquis, comme les servitudes, par le legs *per vindicationem* et par la *quasi-possessio*. Quant à la *mancipatio*, elle ne pouvait servir à personne pour l'acquisition de l'usufruit, attendu que c'était une *res nec mancipi*.

Une question très-importante s'élevait ici, à propos de la durée de l'usufruit constitué au profit des personnes morales.

Quand un usufruit était constitué, il ne survivait pas à la personne qui en était titulaire. Si cette personne venait à mourir et même à subir la *capitis deminutio*, il s'éteignait et le nu-propriétaire recevait la propriété pleine et entière. Les villes n'étaient pas comme les personnes ordinaires; n'existant qu'abstractivement, elles ne mouraient pas, et ne subissaient pas de *capitis deminutiones*. Par conséquent, l'usufruit constitué à leur profit devait durer autant qu'elles, c'est-à-dire éternellement. Mais les jurisconsultes n'admirent pas cette solution, et plusieurs textes nous indiquent comme limite du droit d'usufruit des personnes morales, le terme de cent ans. Ils n'avaient pas voulu que la nue propriété fût grevée d'un usufruit perpétuel, parce qu'alors elle fût restée sans aucune utilité.

Si ususfructus munioipibus legatus erit, dit Gaius (1), *quæritur quousque in eo usufructu tuendi sint : nam si quis eos perpetuo tuatur, nulla utilitas erit nudæ proprietatis, semper abscedente usufructu : unde centum annos observandos esse constat ; qui finis vitæ longissimus esset.*

Il est cependant un texte, qui semble donner à l'usufruit constitué au profit des *universitates*, une durée bien plus courte. *Nunquam ergo amplius quam triginta annorum computatio initur. Sic denique, et si reipublicæ ususfructus legetur, sive simpliciter sive ad ludos triginta annorum computatio fit* (2). Aussi certains auteurs prétendent-ils que les jurisconsultes romains n'étaient pas d'accord sur cette question; mais c'est une erreur : les deux textes ne prévoient pas la même hypothèse. La loi 68 se trouve au titre *ad legem Falcidiam*, et elle prévoit le cas où il y a lieu de réduire un legs d'usufruit selon les règles de la Falcidie. Or les jurisconsultes romains avaient admis, que, pour l'application de ces règles, le maximum de la vie humaine était de trente ans. On devait donc calculer sur trente ans d'usufruit pour indiquer dans quelles limites le legs fait à la ville devait être réduit.

En résumé, il était de principe que le maximum de la vie humaine était de cent ans ; par conséquent, l'usufruit constitué au profit des villes devait durer autant que le maximum de la vie humaine, c'est-à-dire

(1) Loi 8, D., liv. XXXIII, tit. 2. *Voy.* aussi loi 56, D., liv. VII, tit. 1.
(2) Loi 68, D., *ad leg. Falcid.*, liv. XXXV, tit. 2.

cent ans. Spécialement, en ce qui concernait la loi Falcidie, le maximum de la vie humaine avait été fixé à
trente ans. C'était par conséquent sur la valeur de l'u-
sufruit pendant trente ans que devait être calculée la
reduction du legs fait au profit d'une ville.

L'expiration de cent ans n'était pourtant pas la
seule cause qui amenât l'extinction de l'usufruit constitué au profit d'une personne morale. Si, en effet,
cette personne morale était anéantie, l'usufruit subissait le même sort. L'histoire nous confirme dans cette
opinion, quand elle nous dit que Carthage perdit tous
les droits qu'elle avait, lorsque Scipion, après en avoir
fait la conquête, fit passer la charrue sur ses ruines.

Le non-usage, pendant un certain nombre d'années,
devait aussi, si nous en croyons les commentateurs,
amener l'extinction de l'usufruit des villes.

4° AGRI VECTIGALES. — EMPHYTÉOSE. — SUPERFICIE.

Les terres qui appartenaient aux municipes n'étaient
pas toutes administrées de la même manière. Paul nous
dit (1) qu'elles se divisaient en *agri vectigales* et *agri non
vectigales*. Les *agri non vectigales* comprenaient celles
qui se louaient par des baux ordinaires ; c'étaient probablement les mieux cultivées et les plus productives.

Les *agri vectigales* comprenaient, au contraire,
celles qui étaient concédées à bail perpétuel, *in perpe-*

____

(1) Loi 1, D., liv. VI, tit. 3.

tuum, moyennant un canon annuel (*vectigal*); et tant que ce canon était payé, les villes bailleresses ne pouvaient rien retirer aux preneurs, ni à leurs successeurs. *Vectigales vocantur*, dit la loi 1 précitée, *si ager vectigalis* (D., liv. VI, t. 3), *qui in perpetuum locantur, id est hac lege, ut tandiu pro illis vectigal pendatur, quamdiu neque ipsis qui conduxerint, neque his qui in loco eorum successerunt, auferri eos liceat.*

« Ces assignations, dit M. Troplong, étaient un moyen d'arracher à leur abandon les *latifundia* qui accablaient de leur poids stérile les villes comme les riches particuliers. Des familles pauvres étaient appelées à participer aux avantages de la possession du sol. Elles apportaient leur industrie; elles élevaient des habitations, elles opéraient des défrichements. Nous voyons apparaître ici le but spécifique de l'emphytéose, qui, comme l'indique son nom grec (1), consiste à planter, à améliorer les terres incultes (2). »

On ne s'explique la bizarrerie de ces sortes de contrats, qu'en se reportant à l'époque où ils prirent naissance. C'était vers la fin de la république. Alors Rome, qui avait étendu sa puissance sur presque tout le monde connu, fit peser sur ses conquêtes tout le poids de son affreux despotime. Dans certaines contrées, les contributions atteignirent un chiffre si élevé que les populations préférèrent l'esclavage à la liberté. Aussi les

(1) Ἐμφύτευσις.
(2) M. Troplong, *Traité du louage*, sur l'art. 1709.

vit-on de tous côtés abandonner leurs terres, préférant n'avoir rien du tout, plutôt qu'une propriété qui était pour elles la cause de toutes sortes de vexations.

Par suite de cet abandon, les campagnes furent dépeuplées au profit des villes, qui, de cette façon, servirent de receptacle à cette populace fainéante qui ne demandait que du pain et des spectacles (*panem et circenses*), et les terres, au lieu d'être cultivées, restèrent en friche. César le premier vit le mal et voulut y porter remède, mais en vain (1). Auguste et ses successeurs essayèrent d'encourager le colonage, mais la plaie était trop profonde, et elle ne fit que grandir, jusqu'à ce qu'enfin les barbares vinrent se partager les dépouilles du vieil empire vermoulu.

«Alors, dit encore M. Troplong, qui a dépeint la misère de cette époque sous des couleurs si vives, on fut obligé d'exempter de tribut trois cent mille acres de terres incultes et désertes.... Enfin, pour juger de la grandeur du mal, il suffit de lire les constitutions des empereurs sur les biens abandonnés. La terre ne pouvait plus trouver de maîtres (2)! Tandis que Rome affichait les derniers restes d'un luxe insolent, tandis qu'on voyait dans ses murs des citoyens qui possédaient à eux seuls des villes entières (3), les pro-

(1) Suétone, *Vie de Jules César*, 20, 43.

(2) Loi 1, C., liv. XI, tit. 58. *Pro his fundis qui dominos invenire non potuerunt.*

(3) Saint Jérôme nous dit que la ville de Nicopolis, fondée par Auguste, appartenait à une dame romaine, nommée Paula.

vinces périssaient dans le marasme et les campagnes
se couvraient de jachères par l'extinction progressive
et incurable des classes agricoles (1). »

Cet état de choses ne dura pas seulement des mois
et des années; il dura pendant de longs siècles. Nous
venons de voir que les empereurs employèrent différents remèdes pour combattre le mal, et que ce mal
empirait toujours. Quoi d'étonnant? Est-ce qu'un décret peut avoir la vertu magique de transformer un
pays? Et puis quels pauvres décrets que ceux émanés
de ces empereurs plus ou moins sanguinaires qui
étaient tous les jours à la merci de leur soldatesque!
Il fallut pour être efficace que le remède se trouvât
dans le mal lui-même. Les riches propriétaires, voyant
leurs terres abandonnées par les colons, employèrent
tous les moyens pour les y ramener. Un de ces moyens
employés fut justement le bail perpétuel, qu'on désigna d'abord sous le nom d'*ager vectigalis*, et qui plus
tard, sous la législation constantinopolitaine, prit la dénomination emphytéose (2).

La convention vectigalienne était en usage non-seulement pour les terres non cultivées, mais même pour
les maisons appartenant aux villes. Et sous la dénomination de maisons, il faut comprendre ici non-seule-

(1) Troplong, *loc. cit.*

(2) Les mots *ager vectigalis* désignaient plus spécialement les baux
perpétuels de biens communaux, au lieu que par emphytéose on désignait les locations perpétuelles des biens impériaux. Cependant les deux
mots finirent par désigner la même chose. *Voy.* au D., loi 1, liv. VI, tit. 3.

ment les bâtiments d'exploitation situés à la campagne, mais encore toutes sortes de constructions situées même à l'intérieur des villes. Ce point ne saurait être contesté : Ulpien nous le dit implicitement dans son Commentaire de l'Édit du préteur : « Si, dit-il en substance, un *édifice vectigalien* menace ruine, le voisin ne peut se faire envoyer en possession, attendu que cette possession ne le conduirait jamais au *dominium ;* il doit se faire mettre au lieu et place du tenancier et se servir ensuite de l'action vectigalienne (1).

Mais, il ne faut pas confondre les *ædes vectigales* avec les constructions faites par un *superficiarius.* Le *superficiarius* est celui qui a construit sur le terrain d'autrui, à la condition qu'il serait propriétaire de la chose construite, sans avoir pour cela la propriété de l'emplacement. Ainsi, pour qu'il y ait droit de superficie, il faut, que le terrain sur lequel a était faite la construction, et la construction elle-même, appartiennent à deux propriétaires différents. Par conséquent, il y a de grandes différences entre la *superficies* et l'*ager vectigalis.* 1° Le *superficiarius* a un droit simplement sur la superficie ; le preneur de l'*ager vectigalis* a, au contraire, un droit sur le fonds lui-même. C'est ce que dit très-bien Cujas : *Superficiarius habet jus in superficie, emphyteuta in solo.* 2° Par suite, si l'édifice est détruit, le droit de superficie s'éteint ; l'emphytéose continue au contraire sur l'emplacement.

(1) Loi 15, § 26, liv. XXXIX, tit. 2, *de Damno infecto.*

L'un et l'autre doivent payer une certaine redevance au propriétaire concédant. Cependant cette rétribution n'est pas de l'essence des deux contrats; mais, dit Doneau, les personnes soigneuses de leurs intérêts, *qui sibi cavere volunt*, feront bien de l'exiger, si elles ne veulent pas s'exposer à voir périr leurs droits.

Quelle est l'origine du droit de superficie?

Il y avait dans l'intérieur des villes, des terrains, *areæ*, qui n'étaient ni cultivés ni construits. Les villes elles-mêmes n'avaient pas assez de ressources pour construire, avec leurs propres deniers, ces vastes emplacements. Pourtant, elles étaient obligées de faire des sacrifices pour cela, si elles ne voulaient pas laisser les brigands s'y établir. Que firent-elles alors? Elles firent tout simplement ce qu'elles avaient fait pour leurs vastes communaux non cultivés. Elles vendirent ou concédèrent à perpétuité leurs emplacements, à condition qu'ils seraient construits; et les particuliers purent, moyennant une certaine redevance (*solarium, pensio*), élever des maisons qui leur appartinrent en propre et dont ils purent disposer par vente, échange, donation, testament, etc., sans acheter aucun emplacement.

De cette façon, tout le monde y trouva son compte : les villes, tout en demeurant propriétaires du tréfonds, perçurent un certain revenu sur des terrains, qui ne leur produisaient absolument rien; les particuliers eurent des emplacements presque pour rien, et enfin la sécurité publique eut un danger de moins à redouter.

Ces concessions, qui, dans le principe, étaient de véritables ventes de la superficie, finirent cependant par rester renfermées dans les limites d'un simple louage à long terme, et alors le *superficiarius*, au lieu d'avoir une action *ex empto*, eut l'action *ex conducto*. C'est ce que nous dit Ulpien : *Qui superficiem in alieno solo habet, civili actione subnixus est; nam, si conduxit superficiem, ex conducto : si emit, ex empto agere cum domino soli potest* (1).

Du reste, le superficiaire avait le droit d'hypothéquer son *jus in re*, son droit de superficie, même lorsqu'il ne possédait qu'à titre de louage, il avait même le droit de le grever de servitudes (2).

SECTION III.

ADMINISTRATION DES BIENS MUNICIPAUX.

L'administration des biens des villes appartenait aux magistrats municipaux, sous la surveillance de la curie. C'était le *curator reipublicæ* (3) qui était chargé de faire les baux et de présider aux enchères. Voici, à cet égard, ce qu'il y avait à faire : il devait commencer

(1) Loi 1, § 1, D., liv. XLIII, tit. 18, *de superficiebus.*
(2) Loi 1, § 4, D., liv. XLIII, tit. 18, *de superficiebus.*
(3) Le *curator reipublicæ* est le même que le *quinquennalis.*

par faire afficher dans un lieu déterminé par la curie, la désignation de l'immeuble à affermer, le prix du bail, les conditions imposées au preneur, en un mot, ce que nous appelons aujourd'hui le cahier des charges (1). Au jour indiqué, la location se faisait par une adjudication publique, afin que la chaleur des enchères (*calor licitantis*) enflât les revenus de la cité. Une fois l'adjudication faite, il n'était plus permis de surenchérir (2); le droit de surenchère ne devait s'exercer que pour les biens du fisc. Quelquefois cependant, il y avait lieu de surenchérir. Voici dans quelles circonstances: d'abord, il est incontestable que quand la loi municipale permettait la surenchère, malgré l'adjudication publique, il fallait l'admettre ; ensuite, comme il est à peu près certain que les magistrats municipaux avaient la faculté de louer les biens des villes à leurs risques et périls, sans recourir à la publicité de l'adjudication, il est à présumer que, dans ce cas, il y avait lieu d'admettre une *adjectio*, c'est-à-dire une mise aux enchères du fonds municipal, pour en retirer un revenu plus considérable.

C'était donc ainsi au moyen d'une adjudication publique qu'étaient concédés les *agri vectigales*. Voici sans doute pourquoi il n'était nullement nécessaire d'une autorisation de l'empereur, ou du moins du gou-

(1) Table de Malaga, 63 R. *De locationibus legibusque locationum proponendis et in tabulas municipi referendis.*
(2) Loi 21, § 7, D., liv. L, tit. 1, *ad Municip.*

verneur de la province, pour faire cette concession. On comptait sur la chaleur des enchères et aussi sur la responsabilité qui pesait sur les magistrats.

Dès que les biens municipaux avaient été donnés à bail perpétuel, ils ne pouvaient plus être arrachés au concessionnaire. Tant que celui-ci payait son canon, il ne pouvait être chassé, puisqu'il avait un démembrement de la propriété. Spécialement, en ce qui concernait les baux à courte échéance, *le curator* de la cité pouvait en demander la rescision, quand la cité n'avait pas été suffisamment protégée. Pour cela, il devait recourir à la puissance souveraine et demander la *restitutio in integrum.* Les princes, pour accorder cette *restitutio in integrum,* assimilaient les villes à des mineurs, auxquels il est d'usage de prêter un secours extraordinaire : *rempublicam ut pupillam extra ordinem juvari moris est.* Ce remède, remarque un auteur, semble prouver, ce que d'ailleurs nous avons dit plus haut, qu'aucune autorisation préalable du pouvoir central n'était nécessaire pour faire des baux soit temporaires, soit perpétuels.

Les villes pouvaient-elles aliéner leurs biens municipaux ?

Les villes étant propriétaires de leurs biens, comme auraient pu l'être des particuliers, avaient incontestablement le droit de les aliéner, mais l'exercice de ce droit était soumis à certaines règles spéciales. Dépositaires, pour ainsi dire, des biens des générations futures, les villes ne devaient pas attaquer ces biens, sans qu'un besoin pressant se fît sentir. Mais qui était juge de cette nécessité? L'empereur lui-même. La ville qui en arrivait à cette extrémité, devait donc délibérer par l'organe de sa curie, puis faire approuver sa délibération par le gouverneur de la province, qui la remettait à l'empereur. Dans tous les cas où il fallait vendre quelque chose, on devait commencer par les biens récemment acquis à titre de legs ou de fidéicommis, et ce n'était qu'en cas d'insuffisance que l'on pouvait attaquer les vieilles propriétés municipales.

CHAPITRE III

DU RÉGIME MUNICIPAL DEPUIS L'INVASION DES BARBARES, JUSQU'A L'ÉMANCIPATION DES COMMUNES

(du Ve au XIe siècle).

En Orient, le décret de Léon le philosophe abolit jusqu'aux formes du régime municipal.

En Occident, on ne trouve aucun acte législatif semblable ; il est même digne de remarque que le dernier représentant de l'empire romain, en Gaule, réellement digne de ce nom, l'empereur Majorien, chercha à restaurer les municipes et à étendre les libertés communales. Dans une série de décrets (1), il reconstitua la curie déserte, releva l'ancienne dignité de défenseur de la cité (2), et supprima une partie des impôts qui pe-

(1) Majoriani et Leonis, A. A. novel. *De Defensoribus civitatum* et *de Curialibus*, in Cod. Theod.

(2) Dans le principe, on désignait, sous le nom de *defensor*, celui qui était chargé de soutenir les affaires litigieuses des villes. (Loi 18, § 13, D., liv. L, tit. 4.) Mais dans la suite, le défenseur nous apparaît non plus comme un *procurator ad lites*, mais comme le protecteur et le chef de la municipalité (L. 1 et 2, C. liv. I, tit. 55 *de defensoribus civitatum*).

saient sur les curiales. Mais toutes ces mesures, qui
révèlent l'esprit pénétrant de Majorien, ne purent arrêter la décomposition de l'empire et la marche toujours plus menaçante des Barbares. Elles ont, quand
même, une grande importance puisqu'elles nous apprennent que vers la fin du cinquième siècle, les curies étaient désorganisées et les municipes déserts :
elles nous expliquent aussi pourquoi tous les hommes
éclairés de cette époque, particulièrement les évêques de la Gaule, tendirent les bras aux Barbares
comme à des libérateurs. Ces derniers ne se firent
pas attendre. Quelques années plus tard, l'empire
n'existait plus : les Wisigoths s'étaient établis en
Espagne et dans le midi de la Gaule, les Hérules en
Italie, les Burgondes sur les rives de la Saône et du
Rhône, et enfin les Francks, après avoir vaincu, à
Soissons, Syagrius, le dernier gouverneur de la Gaule,
vinrent à Paris jeter les fondements de la monarchie
française.

Au milieu de tous ces bouleversements, quelles furent les destinées du régime municipal?

Il ne faut pas croire que les Barbares, faisant irruption dans notre pays, firent table rase de toutes les
institutions locales qu'ils y rencontrèrent, pour y substituer leurs formes grossières d'administration. L'histoire a montré maintes fois qu'il est plus facile de
vaincre un pays que de supprimer ses lois et ses habitudes ; et puis, telle est l'influence de la civilisation

qu'elle s'impose d'elle-même aux esprits les moins cultivés. N'avait-on pas vu autrefois la Grèce vaincue, imposer ses lois, sa littérature, ses arts à Rome victorieuse, en sorte qu'Horace pouvait dire, sans s'éloigner de la plus stricte vérité : *Græcia capta, ferum victorem cepit?* Ce que fit la Grèce à Rome républicaine, la Gaule romaine le fit aux Barbares six siècles plus tard ; la loi romaine passa dans les codes barbares sans aucune opposition, et même Théodoric, rois des Ostrogoths, supprima tout ce qui pouvait distinguer le vainqueur du vaincu.

Cependant, tous les historiens nous disent qu'après leur défaite, les Gallo-Romains furent obligés de partager leurs terres avec leurs vainqueurs. Il est incontestable que ces partages eurent lieu, mais de quelle manière? C'est là le point difficile à élucider.

M. Guizot pense « qu'il est absurde de supposer que les conquérants procédèrent à cet égard par une sorte de loi agraire universellement et systématiquement appliquée (1). » M. Guizot est dans le vrai ; il ne faut pas croire, en effet, qu'après la conquête, tous les anciens propriétaires gallo-romains furent dépossédés, et qu'à la suite de cette dépossession il y eut un partage général, par lequel les deux tiers des terres furent attribués aux vainqueurs, et un tiers aux vaincus. Non, chaque guerrier assez important pour recevoir une part de butin, reçut pour prix de ses services

____

(1) Guizot, *Essais sur l'Histoire de France*, 4° Essai.

le droit de prendre les deux tiers des propriétés dans le territoire qui lui fut assigné ; il put user ou ne pas user de ce droit. Quant au dernier tiers, il fut laissé aux anciens habitants qui en jouirent comme par le passé. Il est donc à présumer qu'un grand nombre de propriétaires ne furent pas dérangés, attendu qu'aucun vainqueur ne vint s'établir dans leur région, tandis que d'autres furent presque entièrement dépossédés. Pour ce qui concerne le mode de jouissance, il ne fut nullement changé, puisque la loi romaine continua à être en vigueur.

Maintenant, il nous est facile de répondre à l'aide de ces quelques données historiques à la question que nous nous sommes posée : quelles furent les destinées du régime municipal au milieu des bouleversements qui agitèrent la fin du cinquième siècle ?

Puisque les Barbares respectèrent la loi romaine, et même, dans certaines limites, la propriété privée, il est tout naturel d'en conclure qu'ils conservèrent également les institutions municipales. Ce fait, qui ressort très-clairement de l'ensemble des mesures prises par les Barbares, arrive encore à un plus grand degré de certitude, si on veut se donner la peine de fouiller dans les archives de nos cités les plus anciennes. Ainsi, sans nous occuper des villes italiennes, qui jetèrent pourtant un certain éclat, si nous suivons attentivement l'histoire de nos vieilles cités gallo-romaines, nous verrons qu'au commencement du vi° siècle,

Vienne, Angers, Clermont, Paris, Tours, Trèves, et bien d'autres encore avaient conservé leurs curies et leurs magistrats municipaux, c'est-à-dire leur administration locale.

Grégoire de Tours nous confirme dans cette opinion, puisqu'il nous dit qu'en l'an 510 Gondebald roi des Burgondes s'empara de Vienne, et fit périr son frère Gondegisile avec tous les *sénateurs* qui n'avaient pas embrassé son parti (1).

Ainsi, il est prouvé que les villes du Nord de l'ancienne Gaule passèrent l'époque des invasions sans assister à la destruction du régime municipal.

Mais, les cités du Midi, qui avaient jeté sous les Romains un si grand éclat, Narbonne, Nîmes, Toulouse, Marseille, Lyon, furent-elles impuissantes au point de ne pas défendre leurs institutions locales? Sans fouiller dans le fond de leur histoire, on pourrait affirmer à *priori*, qu'elles ne cédèrent pas plus que les villes du Nord à l'invasion barbare. Leurs antiques monuments, qui font encore aujourd'hui leur orgueil, ne témoignent-ils pas de leur puissante vitalité? Et plus tard, quand sonna le réveil des communes ne furent-elles pas à la tête du mouvement? Mais qu'est-il besoin d'invoquer l'histoire générale? Les monuments, soit législatifs, soit administratifs, qui prouvent le maintien du régime municipal dans le midi, ne sont-ils pas assez nombreux et assez irréfragables?

(1) Greg. Turon., *Hist. franç.*, liv. II, ch. XXXIII.

La loi wisogothe, rédigée en l'an 506, par ordre d'Alaric II, qui fut vaincu par Clovis à Vouillé, l'année suivante, maintient comme bonnes, la curie et toutes les magistratures municipales (1).

Au commencement du vi° siècle, Théodoric, roi des Ostrogoths, après avoir conquis la Provence et une partie du royaume des Burgondes reconnut positivement et consacra par son édit l'existence de la curie. Il eut même le soin d'étendre ses attributions dans les mêmes limites qui lui avaient été assignées par le code Théodosien (2).

Après avoir ainsi consacré l'existence des administrations locales, il réglait les dispositions par acte entre-vifs : « Si quelqu'un, disait-il, de sa propre volonté, veut donner un immeuble urbain ou rustique, que l'acte de libéralité, corroboré par les signatures des témoins, soit insinué *aux actes municipaux*, en sorte qu'à la confection des actes soient présents trois curiales et un magistrat, ou au lieu et place du magistrat le défenseur de la cité avec trois curiales, ou les duumvirs ou le quinquennal ; s'il n'y en a pas, que la formaité de l'insinuation, qui donne force et authenticité à l'acte, soit accomplie dans une autre cité qui aura ses magistrats, ou devant le juge de la province où sera situé l'immeuble. »

Ce passage de l'édit de Théodoric ne laisse aucun

(1) Canciani leges Barbarorum
(2) Canciani leges Barbarorum.

doute sur l'existence des municipes, mais que faut-il entendre par ces *acta municipalia* dont il nous parle?

Avant Constantin, les municipes avaient bien leurs registres sur lesquels étaient inscrites leurs recettes et leurs dépenses ; mais les registres qui servirent plus tard à l'insinuation, c'est-à-dire à cette formalité qui donna à la plupart des conventions intervenues entre les citoyens, le cachet de la publicité et de l'authenticité, n'existaient pas encore. Ce fut ce prince, qui, très-vraisemblablement, dans un but fiscal, les créa, et ordonna que toutes les donations immobilières y seraient insérées. Longtemps déjà avant lui, les actes de donation devaient être dressés devant le préfet de la province, ou devant ses délégués, qui en faisaient mention sur leurs registres. Mais, comme tous ceux qui voulaient faire des donations n'avaient pas le courage d'aller faire dresser leurs actes devant le préfet de la province, Constantin, dans le but d'abord de favoriser les contractants, et aussi dans le but d'augmenter les insinuations, partant les revenus du fisc, décida, que les *instrumenta* des donations immobilières seraient passés devant les magistrats municipaux, au lieu de l'être devant le préfet de la province et qu'ensuite, ils seraient annexés aux archives municipales, au lieu de l'être dans celles des préfectures.

On conçoit facilement que les insinuations faites par les préfets subirent une diminution considérable, tandis que celles faites par les magistrats municipaux augmentèrent d'autant plus que l'empire s'aff ıblıt davantage. Il arriva même une époque où les insinuations se firent toutes dans les municipes.

« Cette nécessité de recourir aux curiales, dit M. Rivière, pour faire dresser et valider des actes importants, le lien qui attacha chaque citoyen à la municipalité, gardienne et dépositaire de ses titres, empêchèrent le régime municipal d'être englouti dans l'inondation des Barbares et contribuèrent puissamment à sauver quelques restes de liberté et de civilisation, et à rallier autour de la curie tout ce qu'il y avait en Occident, et en particulier dans les Gaules, d'hommes intelligents et éclairés. La municipalité fut comme l'arche qui conserva, durant ce nouveau déluge, le dépôt de la loi et de la civilisation, pour le rendre dans des temps meilleurs (1). »

Ces *acta municipalia*, qui au dire de Rivière, rallièrent autour de la curie tous les hommes intelligents furent donc une des causes les plus persistantes du maintien du régime municipal à l'époque qui suivit les les invasions des Barbares ; et c'est surtout à l'aide de ces actes que nous pouvons suivre à travers les siècles les traces de l'existence des municipalités.

Ainsi au viiᵉ siècle, en 618, Bertrand évêque du Mans ordonne que son testament soit insinué dans les archives municipales (2).

(1) M. Rivière, *Histoire des biens communaux*, p. 86.
(2) Diplomata chartæ, t. I, p. 118 et suiv.

En 667, un abbé de Saint-Aignan diocèse d'Orléans, ordonne également l'insinuation de son testament aux actes municipaux ; *quam donationem ut firmior habeatur, gestis municipalibus alligare decrevi* (1).

Enfin au IX° siècle, en 804, c'est-à-dire sous les dernières années du règne de Charlemagne, nous trouvons, dans les archives de la cité d'Angers, une charte d'insinuation qui ressemble en tous points à la formule de de Marculfe du VII° siècle. *Adstante vir laudabile Willfredo* DEFENSORE, *vel cuncta* CURIA *andeo.* (sic) *civitate, adstantium Aganbertus dixit : Rogo te, laudabilis vir* DEFENSOR, *vosque,* OFFICIA PUBLICA, *ut mihi* CODICIS PUBLICIS *patere jubeatis, et prosecutione mea audire dignimini, quia sub aliqua quæ apud, laudabilitate vestra gestis cupio municipalibus allegare.*

DEFENSOR *et* CURIA *dixerunt : patent tibi codices, prosequere quæ optas audire,* etc. (2).

Si le régime municipal survécut aux invasions et recouvra même à l'époque franque une certaine vitalité, il eut plus tard à lutter contre un ennemi plus redoutable, quand s'établit en Gaule, ce qu'on a appelé le système féodal et qui n'était autre chose qu'une confédération de petits despotismes. Comment, en effet, eût-il pu se maintenir, alors que chaque comte, chaque délégué du pouvoir central était arrivé à se créer une

(1) Diplomata chartæ, t. I, p. 508 et suiv.
(2) *Voy.* M. Rivière, qui donne en note la Charte tout entière, p. 130. *loc. cit.*

situation indépendante, un pouvoir absolu et sans contrôle dans le pays qu'il était chargé d'administrer? Cet ordre de choses, né sous les successeurs de Charlemagne, s'accrut de plus en plus grâce à la faiblesse toujours croissante de la royauté. Un aperçu sur l'état des personnes et des terres pendant ce temps-là, est indispensable pour comprendre l'effacement presque complet des municipes à cette époque.

Remarquons d'abord que les dénominations de curiales, de juges et de magistrats municipaux furent peu à peu remplacées par celles de bons hommes, de rachimbourgs, de scabins ou d'échevins. L'antique municipe prit le nom de Commune et l'ancien défenseur s'appela *major* maire. »

Par bons hommes, on désigna surtout les membres de l'administration locale, au lieu que les mots rachimbourgs et scabins désignèrent spécialement les citoyens nommés pour rendre la justice dans le *mallum*. Il ne faut pas s'étonner de cette sorte de confusion de langage pour exprimer deux choses différentes, car, dit M. Augustin Thierry, « la curie gallo-romaine fut un *mall* pour les hommes de race germanique; ils lui donnèrent le nom que portaient leurs assemblées de justice et leurs conseils nationaux (1).

Gardons-nous cependant de croire que les dénominations de rachimbourgs et de scabins soient contemporaines : la création des scabins ne remonte qu'à

____

(1) *Récits mérovingiens*, t. I, p. 204.

Charlemagne, tandis que les rachimbourgs apparaissent dès les premiers temps de la domination fran que dans les Gaules.

« Sous le nom de scabins, dit encore M. Augustin Thierry, *depuis Charlemagne*, l'histoire doit voir dans les villes, sinon la curie tout entière, au moins une partie de la curie; car ce fut sans nul doute parmi ses membres les plus notables que le comte et les habitants désignèrent les juges dont la loi remettait la nomination à leur choix. Les scabins francks, ceux du comté ou du canton, étaient de simples juges, mais les scabins romains, ceux de la cité, réunissaient le double caractère de juges et d'administrateurs : c'est de là que provient l'institution de l'échevinage, institution qui, elle-même, n'est qu'un nouveau nom donné à quelque chose d'ancien, à la municipalité gallo-romaine (1). »

Remarquons en second lieu que l'influence tout à fait prépondérante, que les évêques avaient prise du temps des empereurs chrétiens devint une véritable puissance après les invasions des Barbares. Le roi Chilpéric, au rapport de Grégoire de Tours, se plaignait amèrement de ce que toutes les richesses et toute la puissance royale étaient passées entre leurs mains. « Voilà, disait-il, que notre fisc reste pauvre, voilà que nos richesses sont allées aux églises, personne ne règne réellement, à l'exception des évêques; notre

(1) *Récits mérovingiens;* t. I, p. 206.

honneur s'est évanoui et a été transféré aux évêques des cités (1). »

Charles Martel essaya de diminuer leur puissance en leur enlevant leurs richesses, mais il ne réussit qu'à exciter leur colère contre lui. Ils continuèrent comme auparavant à attirer à eux richesses, puissance et juridiction. Enfin ils finirent par s'affranchir de tout contrôle, en ce qui touchait l'administration des biens, et finalement par devenir de vrais seigneurs féodaux. C'est ce que nous dit encore M. Augustin Thierry, que l'on ne saurait trop citer en cette matière. « Le gouvernement des municipes, en dépit de son origine, se modela graduellement sur le régime des cours et châteaux. Les citoyens notables devenaient vassaux héréditaires de l'église cathédrale, et, à ce titre ils opprimaient la municipalité ou en absorbaient tous les pouvoirs (2). »

Qu'était-ce donc que la féodalité?

« C'était, dit M. Guizot, une confédération de petits souverains, de petits despotes inégaux entre eux et ayant, les uns les autres, des devoirs et des droits, mais investis dans leurs propres domaines, sur leurs sujets personnels et directs, d'un pouvoir arbitraire et absolu (3). »

(1) Gregorii Turon., *Hist. franç.*, liv. VI, ch. XLVI.
(2) M. Aug. Thierry, *Monuments inédits de l'Hist. du Tiers-État*, Introduction.
(3) M. Guizot, *Essais sur l'Hist. de France*, p. 303.

Que devint la propriété pendant la féodalité?

Après les invasions des Barbares, il y eut dans les Gaules deux sortes de propriétés, les alleux (all-ods) et les fiefs (feh-ods).

1° Les terres données en partage par les chefs barbares à leurs soldats, et celles qui furent laissées aux anciens propriétaires, formèrent les premiers alleux. Dans la suite, on entendit par alleux toutes les propriétés qui ne dépendaient de personne, abstraction faite de leur dépendance ou de leur indépendance originaires. Les propriétaires d'alleux étaient donc de petits seigneurs, qui, dans le principe, pouvaient disposer de leurs biens comme bon leur semblait, et qui n'étaient astreints à aucune charge et aucun impôt publics à l'exception du service militaire. Aussi, n'avaient-ils droit à aucune protection de l'État : ils devaient se protéger eux-mêmes. Ce fut ce besoin de protection qui fit disparaître peu à peu la plupart des petits alleux. En effet, leurs propriétaires se trouvant trop faibles pour se défendre soit contre les étrangers, soit contre des voisins plus puissants qu'eux, se *recommandèrent*. Voici ce qu'on entendait par *recommandation* : Le propriétaire d'un petit domaine allodial, qui ne pouvait pas se protéger lui-même, se rendait auprès d'un seigneur plus puissant, et lui faisait donation de son alleu. De son côté le seigneur donataire rendait immédiatement, moyennant une certaine redevance à son donateur, la propriété qu'il venait d'en recevoir.

De cette façon, la terre, d'allodiale qu'elle était, devenait bénéficiaire. Dans ce nouvel état, le petit seigneur avait un suzerain auquel il devait serment, fidélité, hommage, et même certaines prestations. En revanche, le suzerain devait au vassal aide et protection contre tous ceux qui voudraient porter atteinte à ses droits. Ajoutons que dans un grand nombre de cas, ces recommandations partirent de l'initiative des petits seigneurs allodiaux, mais que très-souvent aussi elles furent arrachées de vive force, par des leudes puissants, qui voulurent agrandir leurs domaines.

On comprend qu'à l'aide de ces contrats volontairement consentis, ou arrachés par la violence, toutes les terres devinrent matière à fiefs, et qu'il s'établit une hiérarchie de vassaux et de suzerains qui tirèrent de leurs terres leurs droits de vassalité ou de suzeraineté.

Il va sans dire que les communes, qui ne furent pas assez puissantes pour se protéger elles-mêmes, se recommandèrent aussi bien que les simples particuliers, soit à des seigneurs, soit à des évêques, et que de cette façon les biens municipaux devinrent des fiefs. comme les autres terres.

Marculfe nous a laissé la formule de la recommandation. *Ideo veniens ille fidelis noster ibi in palatio nostro, in nostra vel in procerum nostrorum præsentia, villas nuncupatas illas, sitas in pago illo, sua spontanea voluntate nobis per festucam visus est leuseuwerpisse seu condonasse in ea ratione, si ita convenit, ut dum vixerit eos ex nostro permisso sub usu beneficio debeat possidere, et post eum discessum, sicut ejus adfuit petitio, nos ipsas villas fideli nostro illo plena gratia visi fuimus concessisse. Quopropter per præsentem decernimus præceptum quod perpetualiter mansurum esse jubemus, ut dummodo taliter ipsius illius decrevit voluntas... ipsas villas... integrum... dum advixerit absque aliqua deminutione de qualibet re, usufructuario ordine debeat possidere; et post ejus discessum memoratus ille hoc habeat, teneat et possideat et suis posteris aut cui voluerit ad possidendum reliquat* (1).

2° Les fiefs établissaient une double relation : 1° une relation personnelle entre le seigneur et le vassal ; 2° une relation territoriale entre l'immeuble et la seigneurie dont cet immeuble était mouvant.

L'origine des fiefs se trouve, non plus comme les alleux, dans le partage des terres après la conquête, mais dans les récompenses militaires des chefs de bande à leurs guerriers fidèles. Sous les deux premières races, ils s'appelèrent bénéfices : ils ne prirent le nom de fiefs qu'après Charlemagne, alors que la féodalité fut fortement constituée.

Il y eut plusieurs sortes de bénéfices; les uns furent révocables à volonté, les autres furent à vie; enfin,

____

(1) Marculf, *Form.*, liv. I, ch. XIII. *Voy.* aussi M. Guizot, *loc. cit.*, p. 111.

quelques-uns, mais en très-petit nombre, furent héréditaires.

Les seigneurs bénéficiaires, qui n'avaient pas le droit de transmettre leurs bénéfices à leurs héritiers, tendirent à acquérir ce droit. L'histoire constate que jusqu'au IX° siècle leurs efforts furent impuissants. Mais enfin, en 877, Charles-le-Chauve rendit un édit par lequel il consacra l'hérédité des bénéfices. A partir de cette époque, la féodalité fut réellement constituée. Les propriétaires de bénéfices concédèrent à leur tour des sous-bénéfices, et ainsi se constitua cette hiérarchie de suzerains et de vassaux, qui fut le caractère essentiel de la féodalité.

Mais, n'y eut-il dans le monde féodal que des suzerains et des vassaux? Il est bien évident, que, outre les seigneurs et les vassaux, qui s'occupaient surtout de la guerre, il y avait d'autres hommes, qui s'occupaient soit de commerce, soit de la culture des terres. Mais entre ces deux classes d'individus, il y avait un abîme. Le vassal avait bien certains services à rendre à son suzerain, mais une fois ces services rendus, il avait la même liberté que son suzerain. Celui au contraire qui n'avait pas de grade dans l'ordre féodal, comme le colon ou le commerçant, était taillable et imposable à volonté. C'est de cette dernière classe que sortirent ces valeureux bourgeois du XII° et du XIII° siècle, qui après avoir secoué le joug de leurs tyrans, reconstituèrent les municipes sous le nom de communes, et aidèrent la royauté opprimée à triompher de tous les petits despotismes locaux.

Nous avons vu plus haut, que même pendant la féodalité, les anciens municipes n'avaient pas tous péri. Ceux qui avaient survécu avaient-ils conservé leurs propriétés ou bien en avaient-ils été dépouillés, soit par le clergé, soit par la puissance séculière?

On ne peut pas se dissimuler que pendant les invasions et pendant la période barbare, les municipes perdirent la plus grande partie de leurs propriétés. Il est à présumer, en effet, que quand les deux tiers des propriétés particulières furent confisqués par les vainqueurs, les municipes n'échappèrent pas a cette confiscation. Cependant, comme il est certain qu'ils ne furent pas anéantis, il est également certain qu'ils conservèrent une partie de leurs biens (1). Maintenant, les rois n'établirent-ils pas sur ces restes de propriétés, certaines redevances, en échange de la jouissance paisible qu'ils garantirent? Il est permis de le conjecturer. Car nous savons que Clotaire établit des impôts en Neustrie, et qu'il n'en exempta pas du tout les biens des communes; il n'en exempta que les biens des églises et des évêques, après y avoir été pour ainsi dire con-

(1) Pour prouver que les municipes continuèrent à avoir des propriétés pendant toute la période qui s'écoula du V⁰ au XI⁰ siècle, on a cité un capitulaire de Charlemagne sur les mendiants, où il est dit : *De mendicis qui patrias discurrunt volumus ut unusquisque fidelium nostrorum suum pauperem de beneficio aut de propria familia nutriat et non permittat aliubi ire mendicando.* Voy. Baluze capit. v de l'année 806.

7

traint par le bienheureux Injuriosus qui lui adressa ces paroles menaçantes : *Si tu ravis les biens de Dieu le seigneur te ravira bientôt ton royaume* (1).

Il y avait donc une différence radicale entre les propriétés ecclésiastiques et les propriétés ordinaires : les unes étaient chargées d'impôts et les autres en étaient exemptes. Cet état de choses fut le principe d'une révolution qui transforma complétement la plus grande partie des domaines municipaux. Voici comment : les municipes transférèrent à leurs évêques tous leurs biens au moyen de la recommandation. De cette manière, ces biens devinrent biens ecclésiastiques, et les municipes, tout en en gardant la jouissance ne furent plus obligés d'en payer les impôts. C'est ainsi qu'en joignant à ce fait l'influence des évêques, on explique la fusion de presque toutes les propriétés communales en propriétés ecclésiastiques au moyen âge.

Il faut pourtant y joindre un autre fait, qui a bien aussi son importance, je veux parler du développement des communautés religieuses.

Quand l'Église chrétienne fut sortie de l'ère des persécutions, et qu'elle monta sur le trône des Césars avec Constantin, il y eut parmi les fidèles un certain relâchement de la morale religieuse, qui eut pour contre-coup l'établissement de la vie monastique. Les premiers moines se vouèrent à la solitude pour se livrer

____

(1) Grégoire de Tours, *Hist. de Fr.,* liv. IV, ch. II.

à la vie contemplative, et imiter autant qu'il était en eux Jésus-Christ lui-même, qui avait passé quarante jours dans le désert avant de commencer sa vie publique. Ils donnaient au travail tout le temps qu'ils ne consacraient pas à la prière; et comme ils vivaient d'abstinences et de privations, ils pouvaient consacrer une partie du produit de leur travail aux malheureux.

Les premiers moines qui s'établirent dans les Gaules se vouèrent surtout à la culture des arts et des lettres, et au défrichement des terres incultes. Les rois francs virent leurs entreprises avec faveur, et leur concédèrent sur les terrains défrichés par eux toute espèce d'immunuités. Peu à peu, les monastères prirent de l'importance; de nombreux colons, des serfs même, vinrent y chercher un refuge contre la tyrannie séculière, et les moines, qui pour la plupart, étaient sortis des rangs infimes de la société, les reçurent avec bienveillance et leur concédèrent même certains droits sur les terres qu'ils voudraient cultiver. Enfin, les abbés de ces monastères acquirent presque autant de puissance que les évêques, de sorte que l'on se recommanda aux monastères, comme on s'était recommandé aux leudes et aux évêques : c'est ainsi que les abbés eurent des fiefs et des arrière-fiefs.

De leur côté, les rois et les grands seigneurs concédèrent aux monastères, pour les cultiver, tous les lieux incultes qui avaient été abandonnés aux communautés d'habitants. Sans doute, jamais appropriation ne fut plus légitime, puisque ce furent les moines qui créèrent dans les lieux déserts de la Gaule ces bourgs et ces villages, véritables colonies agricoles, où l'on commença à jouir de quelques libertés ; mais il n'en est pas moins vrai que ces possessions furent faites aux dépens des propriétés municipales.

Si l'on considère toutes ces causes de dissolution de la propriété communale, usurpations des seigneurs, inféodation de toutes les terres, empiétements ou concessions du clergé et des ordres monastiques, on est amené à se poser cette question : Existait-il encore des biens municipaux à l'époque du réveil des communes, c'est-à-dire dans la seconde moitié du XIe siècle?

« Restait-il au XIe siècle quelque chose qui fût possédé en propre par le corps des citoyens, dit M. Augustin Thierry? Retrouvait-on alors quelques débris des biens communaux en édifices et en terrains, qu'Amiens, comme toutes les cités de la Gaule, avait possédés à l'époque romaine, et dont la propriété s'était maintenue sous la domination franke? Il est difficile de répondre à cette question d'une manière positive (1). »

Cependant l'illustre historien la résout tout de suite cette question difficile, puisqu'il compte parmi les revenus de cette même commune d'Amiens au XIIe siècle, « le cens payé par les locataires ou fermiers des maisons, terrains, cours d'eau, pêcheries et marais qui

(1) *Histoire municipale d'Amiens*, p. 15.

appartenaient à la ville, *soit comme débris des anciens biens municipaux*, soit en vertu de concessions faites par le comte pour former la nouvelle banlieue (1). »

« Oui, les municipes qui subsistèrent, quoique affaiblis et même transformés, jusqu'à l'affranchissement des communes, conservèrent une partie de leurs biens. Il est vrai qu'un grand nombre d'entre eux furent obligés de payer des droits, des cens, des corvées, ou même des services personnels à des seigneurs en reconnaissance de leur suzeraineté, mais c'était une chose toute naturelle, puisque toutes les terres étaient inféodées.

Remarquons cependant, que dans un grand nombre de villages, surtout d'origine récente, les biens communaux consistèrent souvent dans de simples droits d'usage ou de jouissance. Les villages n'avaient pas dans ce cas, une propriété pleine, un véritable *dominium*, ils n'avaient qu'une espèce d'usufruit. Nous verrons cet état de choses se développer dans le XIIe et le XIIIe siècle; alors peut-être nous le comprendrons mieux.

(1) *Histoire municipale d'Amiens*, p. 16.

CHAPITRE IV

RÉVEIL DU RÉGIME MUNICIPAL. — MOUVEMENT
COMMUNAL

(du XIe au XIVe siècle).

Nous avons vu que ce qui caractérisa surtout la féodalité fut l'omnipotence complète de chaque seigneur dans sa seigneurie. Le plus petit baron du royaume jouissait, pourvu qu'il remplit les conditions de sa tenure, de tous les droits de la souveraineté; législation, finances, justice, armée, tout était dans sa main : il administrait et gouvernait son fief comme bon lui semblait, sans avoir besoin de recourir à la direction de son suzerain. Cette indépendance à peu près complète engendra ces innombrables guerres entre seigeurs, qui signalèrent l'époque féodale. Peu à peu, cependant, les petits fiefs furent absorbés par les grands et les droits véritablement régaliens qui appartenaient à tous les seigneurs, finirent par être concentrés entre un petit nombre de mains. Alors se

créa cette hiérarchie féodale, qui nous a été représen-
tée par les feudistes, ayant à sa tête, le roi, qui en
était le chef, puis, les hauts barons, ensuite les seigneurs, enfin les serfs et les vilains.

Cette harmonieuse hiérarchie, qui nous semble le
couronnement de l'édifice féodal, fut cependant le
principe de sa destruction. En effet, à mesure qu'elle
prit une forme régulière, la souveraineté et l'indépendance individuelles de chaque seigneur reçurent des
atteintes profondes, et toutes les fois que la royauté
intervint dans les querelles des feudataires, sous prétexte de les mettre d'accord, elle travailla à leur ruine.
D'un autre côté, les serfs, réduits à un état voisin de
de l'esclavage, se révoltèrent. Souvent ils furent
écrasés; mais quand les villes, qui avaient conservé
le souvenir de leurs antiques libertés, et de leur antique splendeur vinrent se joindre à eux, la féodalité
prise ainsi en tête et en queue, fut frappée au cœur.
Elle vécut encore de longues années, mais elle ne fut
plus que l'ombre d'elle-même.

Le mouvement municipal qui se manifesta au XIe et
au XIIe siècle, a donc une importance capitale, non-seulement au point de vue des biens des communes, mais
encore au point de vue de l'histoire et de la civilisation. Nous allons l'étudier au Nord et au Midi de la
France.

Dans le Midi, nous retrouverons le traces des municipes romains, qui, nous l'avons souvent répété, ne

furent jamais complétement détruits. Dans le Nord
l'élément germanique prédominera.

Avant d'entrer dans cette étude, il est indispensable
de déterminer ce qu'on entendait spécialement par
communes jurées, bourgeoisies, communautés d'habitants.

La *commune jurée* était une espèce de petite république indépendante, ayant ses lois et ses magistrats.
Quand elle avait payé à son ancien seigneur, la redevance convenue, elle avait le droit de fermer ses
portes et de s'organiser comme bon lui semblait. « La
commune, dit Guibert de Nogent, qui vivait au
xii° siècle, est une chose nouvelle et détestable. Voici
ce qu'on entend par ce mot: les gens taillables ne
payent plus qu'une fois l'an à leur seigneur la rente
qu'ils lui doivent. S'ils commettent quelque délit, ils
en sont quittes pour une amende légalement fixée.
Quant aux autres exactions, qu'on a coutume d'infliger
aux serfs, ils en sont entièrement exempts. » Ainsi
donc, comme le fait très-justement remarquer M. Augustin Thierry, « le mot de commune exprimait, il y
a sept cents ans, un système de garanties analogue,
pour l'époque, à ce qu'aujourd'hui nous comprenons
sous le mot de constitution. »

Les *villes de bourgeoisie,* étaient celles qui jouissaient
de droits et de priviléges ayant pour but, surtout, de
soustraire à l'arbitraire féodal les personnes et les
biens des citoyens, pour les mettre sous la sauvegardé

des lois. Elles différaient des communes jurées sous plusieurs rapports. 1° Leurs habitants ne formaient pas une association jurée; 2° leurs magistrats étaient placés sous la surveillance d'un officier royal ou seigneurial; 3° enfin elles recevaient leurs lois et leurs règlements du suzerain dont elles dépendaient. Mais elles avaient comme les communes, la pleine propriété de leurs biens.

Les *communautés d'habitants* étaient des associations qui jouissaient de priviléges bien moins étendus que les communes et les bourgeoisies. Leur état cependant différait beaucoup de celui des anciens serfs. Ainsi, elles n'étaient plus taillables ni corvéables à volonté, leurs droits et leurs obligations étaient déterminées; leurs magistrats étaient nommés par elles et investis de leurs fonctions par le seigneur. Enfin, si elles n'avaient pas la propriété pleine et entière des biens qu'elles cultivaient, elles en avaient du moins l'usufruit indéfiniment.

Le mouvement d'émancipation communale, qui se manifesta à la fin du xi° siècle fut moins l'établissement d'une chose nouvelle que la consécration de ce qui existait; et les seigneurs, qui, soit au midi, soit au nord, reconnurent le nouvel état de choses, y furent contraints par la force des circonstances.

Nous avons établi précédemment que les anciens municipes avaient conservé sans interruption, sous la suzeraineté de leurs évêques et de leurs comtes, la jouissance de certains priviléges qu'ils tenaient de l'administration romaine.

Dans le midi, sur les bords de la Méditerranée surtout, là où la domination romaine avait duré le plus longtemps, et où les invasions des peuplades germaniques avaient été passagères, non-seulement les débris des anciennes franchises municipales existaient encore, mais le souvenir de l'antique splendeur vivait dans tous les esprits, et il ne fallait qu'une occasion pour donner le branle à la révolution communale qui germait. Cette impulsion vint d'Italie, où s'était établi, à la suite de la querelle des Investitures (1), un système très-avancé de franchises municipales. Les villes de Gênes, de Milan, de Pise et de Florence, après avoir adopté le consulat des villes de la Romagne, donnèrent à cette magistrature une étendue qu'elle n'avait pas d'abord, puisque leurs consuls finirent par être investis du pouvoir exécutif avec ses attributions les plus importantes, telles que le droit de faire la guerre et la paix. Le contre-coup du mouvement italien se fit sentir au-delà des Alpes; les seigneurs français le comprirent parfaitement bien. Aussi ne se firent-ils pas prier pour reconnaître, moyennant certaines redevances très-faibles, un état de choses qu'il n'était pas en leur pouvoir d'empêcher. C'est alors qu'on vit briller de leur plus grand éclat les villes du Languedoc et de la Provence.

(1) Cette question des Investitures s'éleva sous Grégoire VI, en 1015.

Libres dans leur administration intérieure, ne reconnaissant d'autre juridiction que celle de leurs propres magistrats, qui rendaient la justice non d'après les coutumes féodales, mais d'après la loi écrite, c'est-à-dire la loi romaine, protégées, enfin, contre tout mauvais vouloir seigneurial, moins encore par leurs chartes que par la force de leurs murailles et la bravoure de leurs milices, elles purent se livrer en toute sécurité à l'industrie, au commerce et arriver en peu de temps à un très-haut degré de prospérité. Enfin, si après plusieurs siècles de grandeur elles tombèrent en décadence, il ne faut pas en attribuer la cause à leurs fautes, mais à cette furieuse guerre des Albigeois qui pendant vingt ans ravagea toutes nos provinces méridionales.

Le mouvement d'indépendance communale, qui était parti des villes de la Romagne, s'arrêta, suivant M. Augustin Thierry, à l'extrémité septentrionale du Limousin, de l'Auvergne et du Lyonnais. Est-ce à dire pour cela que le nord de la France resta endormi pendant que tout le midi se réveillait au nom de la liberté? Non certes, le nord eut aussi ses conquêtes; mais le mouvement qui s'y manifesta changea de caractère, et produisit un état de choses qui, bien qu'analogue au fond, différa essentiellement, par la forme, de celui qui s'était établi au sud de la Loire. Le régime féodal y avait trop altéré le système municipal romain, pour que l'exemple des cités lombardes y fût un mobile suffisant de rénovation. Il fallut qu'un élément germanique, la *ghilda*, vînt se joindre à cette impulsion étrangère.

Qu'était-ce que la ghilda?

« Dans l'ancienne Scandinavie, dit M. Augustin
« Thierry, ceux qui se réunissaient aux époques solen-
« nelles pour sacrifier ensemble terminaient la céré-
« monie par un festin religieux. Assis autour du feu et
« de la chaudière du sacrifice, ils buvaient à la ronde et
« vidaient successivement trois cornes remplies de
« bière, l'une pour les dieux, l'autre pour les braves
« du vieux temps, la troisième pour les parents et les
« amis, dont les tombes, marquées par des monticules
« de gazon, se voyaient çà et là dans la plaine; on
« appelait celle-ci la coupe de l'amitié. Le nom d'ami-
« tié (*minne*) se donnait aussi quelquefois à la réunion
« de ceux qui offraient en commun le sacrifice, et
« d'ordinaire cette réunion était appelé *ghilde*, c'est-à-
« dire *banquet à frais communs;* mot qui signifiait aussi
« association ou confrérie, parce que tous les cosacri-
« fiants promettaient par serment de se défendre l'un
« l'autre et de s'entr'aider comme des frères. Cette
« promesse de secours comprenait tous les périls,
« tous les grands accidents de la vie.... Chacune de
« ces associations était mise sous le patronage d'un
« dieu ou d'un héros dont le nom servait à la désigner.
« Chacune avait des chefs pris dans son sein, un trésor
« commun alimenté par des contributions annuelles
« et des statuts obligatoires pour tous ses membres;

« elle formait ainsi une société à part au milieu de la
« nation ou de la tribu. La société de la ghilde ne se
« bornait pas, comme celle de la tribu ou du canton
« germanique, à un territoire déterminé ; elle était sans
« limites d'aucun genre ; elle se propageait au loin et
« réunissait toute espèce de personnes, depuis le prince
« et le noble jusqu'au laboureur et à l'artisan libre.
« C'était une sorte de communion païenne qui entre-
« tenait, par de grossiers symboles et par la foi du
« serment, des liens de charité exclusive, hostile
« même à l'égard de ceux qui, en dehors de l'associa-
« tion, ne pouvaient prendre les titres de *convive, con-*
« *juré, confrère du banquet* (1). »

Les Germains apportèrent cette institution en Gaule
et la conservèrent même après leur conversion au
christianisme. Peu à peu, le banquet tomba en désué-
tude, mais l'association de secours mutuels continua à
se maintenir, et même à se propager parmi les gens qui
n'étaient pas d'origine franque. Enfin, les Capitulaires
nous apprennent que ces ghildes se composaient dans
leur sein, non-seulement des hommes libres, mais aussi
des serfs de la glèbe.

On comprend toute la puissance de ces associations,
surtout quand elles furent composées d'individus op-
primés et poussés par le besoin. Aussi est-ce par là
que commença la réaction contre les excès de la féo-

______

(1) *Récits mérovingiens. Voy.* aussi *Lettres sur l'Hist. de France.*

dalité. La ville de Cambrai fut la première qui se servit de cette arme contre ses oppresseurs. Tous ses habitants se lièrent par la foi du serment et se révoltèrent contre leur évêque. La lutte dura longtemps, mais ils finirent par l'emporter et par se constituer en *commune jurée*. De Cambrai, le mouvement se répandit dans tout le nord, et bientôt les villes de Noyon, de Beauvais, de Saint-Quentin, d'Amiens, de Reims, etc., se constituèrent également en communes jurées après avoir obtenu leur charte d'affranchissement ou l'avoir conquise par la force des armes.

Alors, c'était vers le milieu du xii⁰ siècle, le mot *commune*, qui n'avait eu jusque là que le sens vague de compagnie, réunion, association, désigna spécialement « la municipalité constituée par association mutuelle sous la foi du serment. »

N'allons pas croire, maintenant, qu'une fois constituée, la commune fût à l'abri de toute vexation. Les évêques et les seigneurs regrettaient trop leur omnipotence déchue, pour accepter avec résignation la nouvelle situation qui leur était faite. On les vit bientôt faire toutes espèces de tentatives pour reconquérir le terrain qu'ils avaient perdu. Les citoyens des communes, de leur côté, tinrent bon et ils finirent par l'emporter surtout quand la royauté se mit de la partie. Mais il faut bien ajouter que ce ne fut pas sans dépenser beaucoup de sang et d'argent, et sans passer par des alternatives de liberté et d'oppression.

Tel fut le mouvement communal dans le nord de la France; il dut son épanouissement au principe d'association de la ghilda germanique; il coïncida avec le consulat des villes du midi, et comme lui s'éteignit vers le commencement du XIVe siècle. Les rois, qui avaient été les protecteurs intéressés des communes, et qui s'étaient fait payer leur protection à beaux deniers comptants, profitèrent seuls de tout ce qui avait été dépensé de courage et d'intelligence pour arracher terres et personnes aux étreintes de la féodalité.

Toutefois, les communes ne disparurent pas, sans laisser des traces profondes de leur existence. Dans le Nord comme dans le Midi, elles n'avaient trouvé que privilège et arbitraire : elles attaquèrent l'un et l'autre; les deux classes omnipotentes du clergé et de la noblesse avaient tout envahi : elles les forcèrent à se retirer; les personnes avaient été asservies : elles les émancipèrent; les biens avaient été inféodés : elles les débarrassèrent de leurs entraves. Enfin, elles eurent sur l'avenir de la société une très-grande et très-utile influence. Elles initièrent les grandes villes à la connaissance des travaux publics, à la comptabilité financière, et mirent en vigueur les deux grands principes adoptés par les peuples modernes, le vote de la loi et de l'impôt par les intéressés.

Quelle fut l'influence de la révolution communale sur les biens composant le domaine de la commune?

est indispensable, pour avoir des idées justes sur

cette matière, d'établir ici une distinction capitale entre les villes constituées à l'état de communes jurées ou de bourgeoisies, et les communautés d'habitants de la campagne.

Les villes de communes ou de bourgeoisie étaient composées uniquement d'hommes libres ; elles avaient la propriété pleine et entière de leurs propriétés communales, soit que ces propriétés fussent les biens des anciens municipes, qui avaient traversé la féodalité, soit que ce fussent des biens de concession nouvelle. Nous n'ignorons pas, en effet, qu'à l'époque de l'émancipation communale, les seigneurs, pour sauver les restes de leur pouvoir compromis, concédèrent aux communes la plus grande partie de leurs terres incultes. Il est vrai que, dans beaucoup de chartes communales, les concessions que firent les seigneurs nous apparaissent simplement comme la consécration d'un état de choses antérieur. Cela ne veut pas dire cependant que les biens concédés ne proviennent pas de la concession des seigneurs ; cela prouve tout simplement que la concession remontait à une époque antérieure à la constitution de la municipalité par sa charte d'émancipation.

Les communautés d'habitants de la campagne, au contraire, ne jouissaient pas de prérogatives aussi étendues que celles des bourgeoisies ou des communes jurées. La féodalité, qui avait lutté pendant de longues années contre les bourgeois des villes sans pouvoir maintenir ses anciennes prérogatives, finit par se cantonner dans les campagnes. Là, protégée par les hautes tours de ses manoirs, elle maintint plus facilement les débris de sa souveraineté, sur des populations éparses, ignorantes et composées pour la plupart d'affranchis et de serfs de la glèbe. Cependant, jusque dans les campagnes, jusqu'aux pieds de ces châteaux, qui faisaient l'effroi du pays, la révolution communale produisit des effets bienfaisants. Liberté de la personne et de la propriété! tel est le cri qui est répété à l'envi par toutes les classes de la société au XII° siècle. Sans doute, le but ne fut pas complétement atteint dans les campagnes; cependant il fit un grand pas en avant.

Les communautés d'habitants étaient composées d'anciens serfs, qu'on appelait alors *hommes de pooste*. Elles avaient en apparence de très-grandes propriétés, puisque les seigneurs et les moines, pour attirer des colons autour de leurs châteaux et les empêcher d'aller augmenter le nombre des citoyens des communes jurées, leur concédaient le droit de cultiver leurs terres et d'aller faire paître leurs bestiaux dans leurs pâturages; mais, en réalité, elles n'avaient qu'un simple droit de jouissance. C'est ce qui découle très-clairement d'une charte du couvent de Saint-Thierry, au profit des habitants du bourg de Trigny, du mois de janvier 1241. « Les habitants de Trigny, dit cette Charte, promirent aussi que ni eux, ni leurs héritiers présents et à venir, ne tiendraient *en alleu*, dans le domaine de l'église de Saint-Thierry, ni terres, ni vignes, ni bois, ni autres choses. *Terras, vineas, nemora, vel alia in alodium non tenebunt.* »

« Ils (les mansioniers) auront aussi, dit encore une charte de l'église de Reims, les usages dans nos bois et dans nos pâturages, pour s'en servir en commun avec les hommes de nos autres bourgs, sauf pourtant dans les bois que nous avons déjà concédés à ces mêmes hommes, *mais en usage seulement.* »

Ainsi le caractère et la nature des communaux sont ici parfaitement déterminés. Ce ne sont pas des propriétés, ce sont de simples usages : *Aisantias communiter, nemora hominibus tantum concessimus ad usum.*

Les communautés d'habitants étaient donc de simples tenancières ; elles n'avaient donc pas la pleine propriété des terres qu'elles cultivaient ; elles payaient donc, non seulement des cens et des redevances seigneuriales, mais encore des tailles et des taxations extraordinaires, par exemple, quand le seigneur partait pour la terre sainte, quand il armait son fils chevalier, ou qu'il mariait sa fille (1).

Telle est la conclusion à laquelle arrive M. Ri-

(1) Certaines villes de bourgeoisie étaient également tenues de ces taxations extraordinaires, mais il fallait qu'elles fussent spécialement déterminées. Ainsi, dans la charte d'affranchissement de la ville de Montluçon, qui était ville de bourgeoisie, en 1242, on lit le passage suivant : « Je ne puis rien querre en la ville, fors que pour quatre « choses ; c'est assavoir : quand mi filz sera chevalier, et quand je ma- « rierai mi fille, ou si je allais outre mer, ou si je estais prisonnier de « guerre, dont Dieu me garde. »

vière, après avoir dépouillé toutes nos vieilles chartes.

« Ainsi, dit-il, dans les nombreux documents que j'ai parcourus, je n'en ai point rencontré qui constatât la plénitude de propriété des communautés d'habitants ; partout, je ne les vois *en possession que d'usages et d'aisances, tout au contraire des communes, qui, dès leur origine, achètent à prix d'argent, et obtiennent par des traités avec leurs anciens seigneurs non-seulement la jouissance et l'usage, mais le fonds même et la propriété de leurs biens communaux.* Dans les communes, le bourgeois libre et indépendant dispose à son gré de son avoir ; dans les communautés, le colon, possesseur en apparence de la terre, en réalité n'en est pas le maître. Dès lors, on le conçoit, la capacité des universités, leur habileté à s'approprier la terre est en raison directe de la capacité et de l'habileté des individus qui les composent (1). »

Que faut-il conclure de là ? Il faut en conclure que toutes les fois qu'il s'élevait une contestation entre les seigneurs et les communes, relativement à des propriétés, il suffisait que la commune prouvât qu'elle en avait joui pour qu'il existât en sa faveur une présomption de propriété pleine et entière. Si, au contraire, la même contestation s'élevait entre un seigneur et une communauté d'habitants, le seigneur pouvait revendiquer la propriété de l'objet en question, quoiqu'il fût

(1) Rivière, *Hist. des biens communaux*, ch. dernier.

prouvé que la communauté d'habitants en avait eu la jouissance. Cette solution se comprend parfaitement puisque les communautés d'habitants ne pouvaient jamais avoir une propriété pleine et entière.

CHAPITRE V

DES COMMUNAUX DEPUIS LA DÉCADENCE DES COMMUNES JUSQU'A LA RÉVOLUTION FRANÇAISE

(du XIV⁰ à la fin du XVIII⁰ siècle).

Quelle fut la destinée des biens communaux après le mouvement communal qui s'éteignit au XIV⁰ siècle?

Nous avons vu qu'à peine dans toute sa force, l'organisation communale avait commencé à entrer en décadence. Plusieurs communes, jugeant trop pesantes les charges auxquelles les assujettissait la jouissance des priviléges communaux, demandèrent elles-mêmes la suppression de leurs chartes. D'autres, en très-grand nombre, fatiguées des dissensions intestines causées par les coteries qui se disputaient les magistratures, renoncèrent au droit de se gouverner elles-mêmes, dans l'espoir de trouver sous la domination royale plus d'ordre et de repos. Enfin, beaucoup d'autres ne purent résister à l'ascendant d'un protecteur puissant, dont elles avaient d'abord recherché l'appui, dans leur lutte contre leurs seigneurs, mais dont le patronage n'avait pas tardé de mettre leur indépendance en danger.

Au milieu de toutes ces transformations, les communes ne perdirent pas leur individualité. Restant personnes morales, elles continuèrent à avoir la propriété de leurs biens communaux.

Mais faut-il, à partir du xiv° siècle, maintenir la distinction que nous avons établie entre les communes et les communautés d'habitants de la campagne?

M. Armand Rivière, qui a fait une étude très-consciencieuse sur l'origine des biens communaux, pense que cette distinction doit être admise jusqu'à la révolution française. M. Rivière s'appuie d'abord sur l'autorité de Guy-Coquille qui, dans ses *Questions sur les coutumes de France*, s'exprime ainsi : « De grande « ancienneté, les seigneurs, voyant leurs territoires « déserts et mal habitez, concédèrent *les usages* a « ceux qui y viendraient habiter pour les y semondre, « et a ceux qui jà y étaient pour les y conserver; et « retindrent quelque légère prestation, plustôt en « recoignoissance de supériorité qu'en profit pécu- « niaire. »

Cette présomption de propriété, ajoute M. Rivière, en faveur du seigneur, paraît surtout légitime, au point de vue du droit féodal, si le seigneur avait la haute justice, car, ainsi que l'enseignait Dumoulin, « le sei- « gneur est fondé en la propriété de sa haute justice. »

M. Léon Aucoc, maître des requêtes au conseil

d'État, soutient au contraire qu'à partir surtout de la
réformation des coutumes au xvi° siècle, les communautés d'habitants pouvaient être aussi bien propriétaires que les anciennes communes jurées du xii° et
xiii° siècle.

Voici comment raisonne M. Aucoc :

Le motif pour lequel les communautés d'habitants
ne pouvaient pas avoir la pleine propriété de leurs
biens communaux, c'est qu'elles étaient composées
d'hommes de poeste, c'est-à-dire d'hommes incapables
de devenir propriétaires. Or, à partir de la réformation
des coutumes, il n'y eut plus d'hommes de poeste, car
les vilains, habitants des campagnes, purent devenir
non-seulement *usagers* comme sous l'empire de la
législation du xiii° siècle, mais *propriétaires*, dans la
plus grande acception du mot. Qui donc, alors, eût
pu les empêcher d'avoir la propriété entière de leurs
biens communaux?

Et puis, il faut bien aller au fonds des choses :
Est-ce que sous l'empire de la nouvelle législation il y
avait encore des fiefs? non certainement; il n'y avait que
des patrimoines, et ce qui subsistait de la seigneurie,
la directe, n'était plus qu'un titre de redevance sur les
territoires et les habitants vilains.

Enfin, ajoute M. Aucoc, pourquoi l'ordonnance du
mois d'août 1669 sur les eaux et forêts contiendrait-
elle un titre spécial relatif aux « bois, prés, marais,
landes, patis et autres biens *appartenant* aux commu-

nautés et habitants des paroisses, » si ces communautés n'avaient pas une propriété pleine et entière?

L'opinion soutenue par M. Aucoc, cadre trop bien avec les développements que nous aurons bientôt à donner sur le cantonnement et le triage pour que nous lui refusions la préférence. Nous croyons donc qu'au XVI° siècle les communautés d'habitants étaient mieux partagées qu'au XIII°, puisque, dans notre opinion, elles pouvaient avoir 1° des droits d'usage communs, 2° des propriétés communes. Il va sans dire que les anciennes communes jurées, qui à leur époque d'épanouissement, avaient eu des propriétés allodiales, les avaient conservées, ou, du moins, avaient pu les conserver, car elles n'avaient pas perdu leur capacité d'être propriétaires.

A mesure que la puissance royale s'étendit, celle des seigneurs alla en diminuant. Aussi, ceux-ci cherchèrent-ils par toutes espèces de moyens, non plus à conserver cette puissance qui leur échappait, mais à étendre le plus possible leurs propriétés. Non contents d'exercer leurs violences sur les particuliers, ils s'attaquèrent aux propriétés des villes et des communautés. Les commentateurs du droit féodal, Pithou, Legrand, Lapoix de Fréminville, nous apprennent de quelles façons ils s'y prenaient pour arriver à leur but. Tantôt ils couvraient leurs vols sous le manteau d'une transaction qui leur faisait la part léonine; tantôt ils usaient d'intimidations et même de violences; tantôt,

enfin, ils se laissaient aller jusqu'à des soustractions
de titres. Ils allaient aux archives qui étaient entre les
mains de leurs officiers ; là, ils se faisaient délivrer
les titres qu'ils désiraient et ils les anéantissaient. Les
titres une fois anéantis les biens leur appartenaient en
vertu de la règle *omnia censentur moveri a domino*.

Les rois essayèrent souvent de s'opposer à tous ces
empiétements des seigneurs sur les biens des communes, mais ils ne purent jamais réussir.

Henri III défendit bien par son ordonnance de 1567
« à toutes personnes de quelque état et quelle condition qu'elles fussent de prendre ni s'attribuer les terres
vaines et vagues, patis et communaux de leurs subjects ; » mais on ne l'entendit pas, et il fut obligé,
quelques années plus tard, de prendre une mesure plus
énergique.

« Enjoignons, dit-il, dans son ordonnance de 1579
« datée de Blois, à nos procureurs de faire informer
« diligemment et secrètement contre ceux qui, de leur
« propre autorité, ont osté et soustrait les lettres,
« titres et autres enseignements de leurs subjects
« pour s'accommoder des communes (1) dont ils
« jouissaient auparavant, ou sous pretexte d'accords
« les ont forcés de se soumettre à l'advis de telles
« personnes que bon leur a semblé, et en faire pour-

____

(1) Le mot *communes* est employé ici comme synonyme de communaux. Aussi les auteurs du temps emploient-ils indifféremment l'un ou
l'autre mot.

« suite diligente, déclarant dès à présent telles soumis-
« sions, compromis, transactions ou sentences arbi-
« trales ainsi faites de nul effet. »

Malgré le principe de rétroactivité posé dans cette
ordonnance, malgré les poursuites qui en furent la conséquence, la cupidité des seigneurs ne fut pas arrêtée.

Louis XIV lui-même fut souvent impuissant à faire
respecter les communes contre les empiétements seigneuriaux. On lit dans le préambule de sa déclaration du
22 juin 1659 relativement aux biens des communautés
de la Champagne :

« La plupart des communautés et villages d'icelle (la
« province de Champagne) ont été portées à vendre et
« aliéner à des personnes puissantes comme seigneurs
« des lieux, juges et magistrats ou principaux habitants
« des villes, leurs biens, usages, bois et communaux
« et les ont vendus sans causes légitimes et à des som-
« mes très-modiques, et bien souvent des dits prix n'a
« été touchée aucune chose, bien qu'il soit écrit autre-
« ment, par la violence des acquéreurs qui ont forcé les
« habitants de signer, sous de faux prétextes, des choses
« qui leur fussent dues ou pour les gratifier. »

En conséquence, Louis XIV ordonnait que les communes fussent rétablies de plein droit dans leurs biens
aliénés depuis vingt ans, abstraction faite de la légiti-
mité du titre d'aliénation. Après cette décision énergique du grand roi, on pouvait espérer qu'il se passe-
rait au moins quelques années sans nouvelles usurpa

tions, mais il n'en fut rien. Moins de dix ans après, ce même prince fut obligé de recommencer.

Au mois d'avril 1667, il rendit un édit dans le préambule duquel on lit le passage suivant : « Entre les désor-« dres causés par la licence des guerres, la dissipation « des communautés a paru des plus grandes. Elle a été « d'autant plus générale que les seigneurs et autres « personnes puissantes se sont prévalus de la faiblesse « des plus nécessiteux.... Pour dépouiller les commu-« nautés, l'on s'est servi de dettes simulées ; on a « abusé des formes de la justice.... Les communaux « ayant été aliénés, les habitants, se trouvant privés « des moyens de faire subsister leurs familles, ont été « forcés d'abandonner leurs maisons; les bestiaux ont « péri, les terres sont demeurées incultes, et le public « en a reçu des préjudices très-considérables. »

. Et le roi ordonna de nouveau que les habitants des paroisses et communautés, dans toute l'étendue du royaume, rentreraient, sans autre formalité de justice, dans les fonds, prés, pâturages, bois, terres, usages, communes, communaux par eux vendus, baillés à cens ou emphytéose depuis l'année 1620.....

Ces moyens détournés pour s'emparer des biens communaux, dettes simulées, abus des formes de la justice, transactions, violences, etc., ne furent pas les seuls employés par les seigneurs. Ils employèrent encore ce qu'on a appelé *les triages* et les *cantonnements*.

Ces deux moyens eurent sur ceux dont nous avons déjà parlé l'avantage d'une sanction légale ; en d'autres termes, la loi reconnut les triages et les cantonnements.

Quelles étaient les opérations que l'on désignait ainsi ?

Parlons d'abord du triage.

Quand les seigneurs, pour attirer autour de leurs châteaux les bras nécessaires à la culture de leurs terres, concédèrent à ceux qui vinrent s'y établir une certaine portion de leurs propriétés, ils le firent assez largement. Mais plus tard, quand ils virent quelle valeur prenaient les biens concédés, ils tâchèrent, autant qu'il fut en eux, de retirer les concessions qu'ils avaient faites. En cela ils furent aidés par les feudistes, qui se mirent l'esprit à la torture, pour les justifier. Spécialement, pour le triage, voici comment raisonnèrent les feudistes :

Les concessions faites par les seigneurs avaient plus ou moins d'étendue. Tantôt c'étaient de simples usages, tantôt c'étaient des propriétés pleines et entières.

Les propriétés ainsi concédées pouvaient l'être soit à titre onéreux, soit à titre gratuit. Celles qui étaient concédées à titre onéreux étaient pour toujours hors du domaine des seigneurs. Celles au contraire qui étaient concédées à titre gratuit ne produisaient pas des effets aussi radicaux ; le seigneur conservait sur elles un droit d'usage ; or, disaient les feudistes, comme personne n'est tenu de rester dans l'indivision, il s'en suit que le seigneur avait le droit de demander le partage. Le partage de quoi, eût pu demander un homme sensé, le partage de l'usage ou le partage de la propriété? Les feudistes auraient répondu : Le partage de la propriété.

L'habitude, d'abord, et plus tard la loi décidèrent que la part du seigneur serait, dans ce partage, du tiers de tous les biens concédés. Ainsi, voilà une donation faite au profit d'une commune par un seigneur; la propriété a passé sur la tête de la commune: le seigneur a encore le droit de venir dire à cette commune : Vous êtes propriétaire, il est vrai, de telle terre, en vertu d'une donation que je vous ai faite; mais, malgré cela, nous allons partager cette terre; j'en aurai un tiers, et vous les deux autres tiers. C'était là ce qu'on appelait le triage. Le triage était donc, selon l'expression si saisissante de Merlin, le droit pour le seigneur de reprendre ce qu'il avait donné.

On ne saurait préciser à quelle époque s'établit le triage. On peut affirmer cependant qu'il existait déjà dans le XVIe siècle, car Pithou rapporte un arrêt de 1552 qui le consacre. Cet arrêt, ajoute Legrand, dans son *Commentaire de la coutume de Troyes*, fut suivi de plusieurs autres semblables. Au surplus, quoi qu'il en soit de l'origine plus ou moins reculée du triage, ce qu'il y a de certain, c'est qu'il donna naissance à une foule d'abus que la puissance royale chercha à faire disparaître.

Louis XIV ne recula pas devant une disposition rétroactive pour faire cesser ces abus. Par son ordonnance de 1667, il abolit les triages opérés depuis 1630. On y lit :

« Art. 7. Les seigneurs qui auront fait le triage à leur profit depuis l'année 1630, seront tenus d'en abandonner la libre et entière possession aux communautés d'habitants, nonobstant tous contrats, transactions, jugements et autres choses à ce contraires.

« Art. 8. Et au regard des seigneurs qui se trouveront en possession desdits usages auparavant lesdites trente années sous prétexte dudit tiers, ils seront tenus de représenter le titre de leur possession pardevant les commissaires à ce députés, pour, en connaissance de cause, y être pourvu. »

Il ne faut pas croire que, par cette ordonnance, Louis XIV abolit l'*institution* du triage ; il n'abolit que *les triages opérés depuis 1630 jusqu'à 1667*, sans préjudice aucun des droits respectifs des seigneurs et des communes.

Ainsi, en ce qui concerne les triages opérés depuis 1630 jusqu'à 1667, ils furent considérés comme lettre morte. Les seigneurs qui les avaient obtenus furent obligés de recommencer leurs instances et de faire décider de rechef par les tribunaux que leurs droits étaient bien fondés. Quant aux triages opérés avant 1630, les seigneurs qui voulurent les maintenir furent obligés, non plus de reporter leurs prétentions devant les tribunaux, mais de présenter leurs titres à des commissaires à ce délégués.

Louis XIV détermina, deux ans plus tard, par son ordonnance de 1669, d'après quelles règles devaient opérer et les tribunaux et les commissaires de la couronne.

Le droit de triage fut maintenu au tiers des biens, sous deux conditions : 1° qu'il fût justifié que les terrains litigieux avaient été concédés par les seigneurs à titre gratuit; 2° qu'il fût prouvé que les deux tiers restant aux habitants suffisaient à leurs besoins. Voici le texte de l'ordonnance :

Art. 4 du titre. *Des bois appartenant aux communautés :* « Si les bois étaient de la concession gratuite des seigneurs, sans charge d'aucuns cens, redevances, prestations ou servitudes, le tiers en pourra être distrait et séparé à leur profit en cas qu'ils le demandent, et que les deux autres tiers soient suffisants pour l'usage de la paroisse : sinon, le partage n'aura pas lieu; mais les seigneurs et les habitants en jouiront en commun comme auparavant. Ce qui sera pareillement observé pour les prés, marais, îles, pâtis, landes, bruyères et grasses pâtures, où les seigneurs n'auront aucun droit que l'usage, et d'envoyer leurs bestiaux en pâture, comme premiers habitants, sans part ni triage, s'ils sont de leur concession, sans prestation, redevance ou servitude. »

Que l'on voit bien dans ces dispositions l'arbitraire le plus effréné du grand roi ! Comment ! parce qu'un commissaire royal aura cru que les biens donnés aux communes par les seigneurs outre-passent « les besoins de la paroisse, » celle-ci sera expropriée sans aucune indemnité ! D'abord, quels sont-ils, les besoins de la paroisse ? Quel juge est assez compétent pour déterminer le strict nécessaire ? Le besoin d'aujourd'hui est-il le même que le besoin de demain ? La population de la commune ne peut-elle pas augmenter et avec elle ses besoins ? D'ailleurs, puisque Louis XIV était assez fort pour déterminer les besoins des communes, pourquoi ne déterminait-il pas aussi les besoins des seigneurs ?

Le grand roi, en écrivant son ordonnance, ne se doutait pas, que deux siècles plus tard, l'école communiste du XIX⁰ siècle raisonnerait comme lui en donnant à chacun non pas *selon son droit, mais selon ses besoins.*

Malgré ces dispositions toutes de faveur pour les seigneurs, les abus ne cessèrent pas encore. Un grand nombre de communautés, qui avaient déjà subi la réduction du tiers, et qui avaient perdu leurs titres, se virent obligées de se soumettre une seconde fois au triage. Il eût mieux valu pour elles n'avoir que de simples usages, même en payant des redevances au seigneur, car, dans ce cas, l'ordonnance de 1669 les maintenait dans leur possession et défendait toute espèce de triage.

Le triage ne fut aboli que par les lois de la révolution.

Passons maintenant au cantonnement.

Le cantonnement, dit M. Henrion de Pansey, est une opération qui consiste à convertir un droit d'usage sur un canton, dont l'étendue excède les besoins de l'usager, en un droit de propriété sur une partie de ce canton proportionnée à ces mêmes besoins.

Le cantonnement, ajoute le même auteur, est une institution moderne, qui ne remonte pas plus haut que le commencement du dernier siècle (le XVIII'). Nous ne saurions adhérer à l'opinion du savant magistrat; nous pensons que le cantonnement remonte tout au moins au XIII' siècle, et nous en trouvons une preuve évidente dans la Charte de commune de la ville d'Arkes, octroyée en 1231 par l'abbé de Saint-Bertin. *Pastura*, dit l'art. 12, *quam communitati villæ concessimus, libera eis remaneat ab omni usagio animalium nostrorum, vel ex toto cum terris suis recedere, sicut inter nos et villam divisa est et fossato distincta, salvis consuetudinibus ecclesiæ hactenus observatis : denarios tamen de porcis et waterpani eis remittimus et quitamus.*

En vertu de cette Charte, ce qui n'était auparavant qu'un simple usage des habitants de la commune d'Arkes devint leur propriété. Seulement leurs usages s'étendaient sur les vastes domaines de l'abbaye, et leur propriété qui remplaça ces usages fut restreinte à une certaine portion de ces domaines. Somme toute, ils échangèrent leurs usages sur de vastes domaines pour une propriété pleine et entière sur une partie seulement de ces domaines, et les deux propriétés furent séparées par un fossé, *divisa est fossato.* C'est bien là, incontestablement, le caractère distinctif du cantonnelment.

La faculté de demander le cantonnement appartenait au seigneur seul. L'usager n'en avait pas le droit. Cette bizarrerie fut abolie par la loi du 28 août 1792.

Les tribunaux ordinaires n'étaient pas non plus compétents pour statuer sur la demande en cantonnement. Mais rien de plus rationnel que cela. En effet, les jugements rendus par les tribunaux ordinaires sont purement déclaratifs; ils ne peuvent qu'ordonner l'exécution des conventions, si elles sont claires, ou les interpréter, si elles sont obscures; mais dans aucun cas ils ne peuvent intervertir un titre; par conséquent, ils ne pouvaient nullement changer des usages en propriétés; il fallait pour cela l'autorité du roi, et encore fallait-il violer la loi civile qui exige l'accord des parties pour substituer un second contrat à un contrat primitif.

Le législateur de 1790 ne fut pas aussi radical pour le cantonnement que pour le triage; le décret du 19 septembre 1790 se borna simplement à transporter le jugement des demandes en cantonnement aux tribunaux de districts.

Maintenant il est facile de distinguer clairement les différences qui existent entre le triage et le cantonnement.

Pour qu'il y ait lieu à triage, il faut que la *propriété* des terrains litigieux soit entre les mains des communes, en vertu d'une donation seigneuriale.

Pour qu'il y ait lieu à cantonnement, il faut que l'*usage* seulement des biens litigieux appartienne aux communes, et la *propriété* au seigneur.

Donc, pour demander le triage, il faut que le seigneur prouve que lui ou ses ancêtres ont donné les biens en question à la commune qui en est propriétaire.

Donc, pour demander le cantonnement, il faut qu'il prouve qu'il est propriétaire des biens en litige et que les habitants ne sont que de simples usagers.

CHAPITRE VI

DES BIENS COMMUNAUX DEPUIS LA RÉVOLUTION FRANÇAISE
JUSQU'A NOS JOURS.

La révolution communale des XII° et XIII° siècles avait
eu pour but principal l'émancipation des personnes et
des propriétés. Nous avons vu qu'elle avait fait tout ce
qu'il était humainement possible de faire, mais qu'elle
avait été obligée de léguer aux siècles suivants le soin
de couronner son œuvre. Le progrès, dans cet ordre
de choses, se fait lentement. Aussi ne faut-il pas s'é-
tonner si à la veille de la révolution française on trouvait encore des traces nombreuses de l'ancien esclavage des personnes et des propriétés.

Le servage se maintint jusqu'au XVIII° siècle. — A
cette époque, les chanoines de Saint-Claude, en Fran-
che-Comté, avaient encore douze mille serfs, qui étaient
soumis au droit de main-morte. Voltaire écrivit contre
ce reste de barbarie avec son ironie mordante : « On
dit qu'il n'y a plus d'esclaves en France, dit-il, que

c'est le royaume des Francs, qu'esclave et Franc sont contradictoires, qu'on est si franc que plusieurs financiers y sont morts en dernier lieu avec plus de trente millions de francs acquis aux dépens des descendants des anciens Francs s'il y en a. Heureuse la nation de France d'être si franche! Cependant, comment accorder tant de liberté avec tant d'espèces de servitudes, comme par exemple celle de main-morte? Quand nous avons fait quelques remontrances modestes sur cette étrange tyrannie, on nous a répondu : Il y a six cents ans qu'ils jouissent de ce droit; comment les en dépouiller? Nous avons répliqué humblement : Il y a trente ou quarante mille ans, plus ou moins, que les fouines sont en possession de manger nos poulets; mais on nous accorde la permission de les détruire quand nous les rencontrons. »

Louis XVI, il est vrai, rendit, sous l'inspiration de Necker, un édit qui abolissait le servage dans toutes les terres du domaine de la commune (1), mais il n'osa le supprimer dans les terres des seigneurs.

Le tiers état qui formait les dix-neuf vingtièmes de la nation n'était rien, dit Siéyès; le clergé et la noblesse étaient tout.

Il y avait encore des propriétés nobles et des propriétés roturières; une foule de droits seigneuriaux, tels que les dîmes et les banalités, droits exclusifs de

(1) Édit. du 8 août 1779.

chasse, de pêche et de colombier, de justices seigneuriales, etc., existaient encore.

Toutes ces distinctions de personnes et de propriétés furent abolies par le décret du 4 août 1789. Après
cette date mémorable, plus de propriétés nobles, plus
de propriétés roturières, plus les droits féodaux, plus
d'esclaves, plus de serfs, partout l'égalité.

Les lois relatives au domaine communal qui suivirent le décret du 4 août 1789 n'en furent que les co-
rollaires indispensables. Ainsi on peut dire que la loi
des 13-20 avril 1791 qui supprima le droit d'appropriation des terres vaines et vagues au profit des seigneurs eut son origine première dans le décret du
4 août. En effet, avant l'abolition de la féodalité, chaque seigneur haut-justicier était investi, dans son ressort, de la puissance publique; la justice s'y rendait
en son nom, par des juges de son choix ; la nomination
et la destitution de ces juges étaient entre ses mains.
Cette haute prérogative n'était pas purement honori-
fique, elle imposait des obligations, et même fort oné-
reuses. Les seigneurs étaient chargés des appointe-
ments de leurs juges, de l'entretien du prétoire, de
celui des prisons, de la nourriture des enfants trouvés,
des frais de procédures criminelles, toutes les fois que
le procureur du roi avait prévenu le procureur fiscal
dans la poursuite des crimes commis dans le ressort
de la seigneurie.

Pour indemniser le seigneur de toutes ces charges,

la loi lui accordait, outre le produit des amendes et des confiscations, la disposition des terres vaines et vagues de la seigneurie, pour les aliéner ou les exploiter à son profit.

Le décret du 4 août 1789, ayant supprimé les justices seigneuriales, avait implicitement supprimé l'appropriation au profit des seigneurs de terres vaines et vagues de la justice, puisque l'une était la conséquence de l'autre.

A qui donc, en l'absence de tout document législatif, devaient appartenir, après le 4 août, ces terres vaines et vagues?

Il me semble qu'elles devaient appartenir à la couronne, et voici pourquoi : toutes les justices seigneuriales ayant disparu, la justice de la couronne demeura seule; la justice de la couronne hérita donc de tous les droits des justices seigneuriales; or, un de ces droits était précisément l'attribution des terres vaines et vagues.

Maintenant, la loi des 13-20 avril 1791 put donc, sans aucune injustice, attribuer aux communes les terres vaines et vagues des anciennes justices seigneuriales. Si elle en disposa en faveur des communes, ce ne fut pas, comme on l'a souvent répété, pour en dépouiller les seigneurs, mais tout simplement pour les faire passer du domaine de la couronne dans le domaine des communes.

La loi de 1791 fut donc une loi juste, et nous pouvous ajouter qu'elle respecta religieusement tous les droits acquis : les seigneurs qui étaient en possession avant le décret du 4 août furent maintenus et confirmés dans leurs propriétés.

Voici les dispositions principales de cette loi que le président Henrion de Pansey trouvait « si justes et si conséquentes. »

« Art. 7. Les droits de deshérence, d'aubaine (1), de bâtardise (2), d'épaves (3), de varech (4), de trésor trouvé, et celui de s'approprier les terres vaines et vagues ou gastes, landes, biens hermès ou vacants, garigues, etc., n'auront plus lieu en faveur des ci-devant seigneurs, à compter de la publication des décrets du 4 août 1780, les ci-devants seigneurs demeurant depuis cette époque déchargés de l'entretien des enfants trouvés.

« Art. 8. Et néanmoins, les terres vaines et vagues, ou gastes, biens hermès ou vacants, garigues, flegards ou vareschaix, dont les ci-devant seigneurs ont pris publiquement possession avant la publication du décret du 4 août 1780, en vertu des lois, coutumes, statuts ou

---

(1) Le droit d'aubaine était pour le seigneur le droit de succéder à l'étranger (aubain, alibi natus).

(2) Le droit de bâtardise était le droit de succéder au bâtard.

(3) Le droit d'épaves consistait dans l'appropriation, au profit du seigneur, des choses égarées et perdues dont on ne connaissait pas le maître.

(4) Le droit de varech était le droit qu'avait le seigneur de s'emparer de tout ce qui était rejeté par la mer sur les côtes.

usages locaux lors existants, leur demeurent irrévocablement acquis sous les réserves ci-après :

« Art. 9. Les ci-devant seigneurs justiciers seront censés avoir pris publiquement possession des dits terrains à l'époque désignée par l'article précédent, lorsque, avant cette époque, ils les auront soit inféodés, accensés ou arrentés, soit clos de murs, de haies ou fossés, soit cultivés ou fait cultiver, planter ou fait planter, soit mis à profit de toute autre manière, pourvu qu'elle ait été exclusive ou à titre de propriété ; ou, à l'égard des biens abandonnés par les anciens propriétaires, lorsqu'ils auront fait les publications et rempli les formalités requises par les coutumes pour la prise de possession de ces sortes de biens. »

Ainsi donc, en résumé, la loi des 13-20 avril 1791 s'occupe des terres vaines et vagues. Elles les divise en deux catégories : 1° Celles dont les seigneurs « se sont mis publiquement en possession » avant le 4 août 1789 ; celles-là sont attribuées aux seigneurs. 2° Celles dont les seigneurs ne se sont pas mis publiquement en possession avant le 4 août ; ces dernières deviennent la propriété des communes.

Quant aux terrains *cultivés ou non* qui avaient pu être usurpés par les seigneurs, et qui avaient fait l'objet des ordonnances de 1567, 1629, 1667, 1669, la loi du 30-20 avril 1791 ne s'en occupe pas. La destinée de ces terrains fut réglée par la loi des 20 août-14 septembre 1792.

Cette dernière loi, au point de vue qui nous occupe, avait deux buts : 1° faire restituer aux communes les biens, cultivés ou non, qui avaient été usurpés par la puissance féodale ; 2° étendre le domaine communal aux terres vaines et vagues qui avaient été défrichées ou possédées par les seigneurs depuis moins de quarante ans à partir du 4 août 1789.

Étudions séparément ces deux dispositions :

1° *Restitution des biens usurpés par la puissance féodale.*—Il n'est pas ici question des terrains vagues ou incultes qui dépendaient autrefois des justices seigneuriales et que la loi des 13-20 avril 1791 avait donnés aux communes ; il est question des terrains cultivés ou non, dont les seigneurs s'étaient emparés, soit par transactions, soit par violences, soit sous les formes de ventes simulées, soit enfin de toute autre manière.

Nous avons déjà examiné quels moyens avait employés la royauté pour faire respecter le domaine communal, et nous avons vu que, malgré les édits répétés d'Henri III et de Louis XIV (ordonnances de 1667-1667 et autres), les seigneurs avaient continué leurs usurpations. La Révolution française qui avait donné le dernier coup à la féodalité ne pouvait pas laisser inachevée l'œuvre si juste de nos rois. La loi de 1792 permit aux communes de se faire restituer tous les biens dont elles avaient été dépouillées par l'effet de la puissance féodale. L'art. 8 s'exprime ainsi :

« Les communes qui justifient avoir anciennement possédé des biens, des droits d'usage quelconques, dont elles auront été dépouillées en totalité ou en
partie par des ci-devant seigneurs, pourront se faire
réintégrer dans la propriété et possession desdits biens,
ou droits d'usage, nonobstant tous édits, déclarations,
arrêts du Conseil, lettres patentes, jugements, transactions et possession contraire ; à moins que les ci-devant seigneurs ne représentent un acte authentique qui
constate qu'ils ont légitimement acheté les dits biens. »

Quelle est l'étendue de cet article 8 ?

L'art. 1er de cette même loi des 20 août-14 septembre 1702 dit que les triages opérés depuis l'ordonnance de 1669 seront « révoqués et demeureront
à cet égard comme non avenus. » Cette disposition
est spéciale au triage. Quant aux usurpations de toutes
sortes faites par les seigneurs, l'art. 8 déclare qu'elles
pourront toujours être réparées. Pas de restriction à
cette règle. A quelque époque qu'aient eu lieu les usurpations, que ce soit avant ou après l'ordonnance de 1669,
elles pourront toujours être réparées au profit des
communes.

Mais pour qu'il y ait lieu à l'application de l'article 8
quelles sont les conditions que les communes doivent
remplir?

Il faut 1° qu'elles justifient « avoir possédé les biens
ou droits d'usage » dont il s'agit.

Que faut-il entendre maintenant par ces mots « avoir possédé les biens ou droits d'usage? »

M. Latruffe Montmeylian, dans son livre intitulé *Droits des communes*, soutient qu'on ne peut pas exiger des communes une possession *animo domini*, parce que la possession des habitants n'est qu'une jouissance viagère, qu'ils sont chargés de transmettre aux générations futures. Ce ne sont jamais, dit-il, que « des usagers des biens appartenant à la communauté. »

Ce raisonnement peut être vrai pour les habitants de la commune, mais il est faux pour l'*être moral*. Pour qu'on puisse dire que la commune, personne morale, a possédé, il faut nécessairement qu'elle ait eu l'*animum domini*. D'ailleurs, la loi des 20 août-14 septembre 1792 n'avait pas pour but, dans son article 8, d'étendre les propriétés des communes, mais de leur faire restituer celles dont elles avaient été dépouillées; or, si l'on n'exigeait pas d'elles une possession *animo domini*, on arriverait à confondre les droits d'usage et de propriété et à attribuer aux communes la propriété de biens dont elles n'avaient que la jouissance plus ou moins étendue.

Il faut 2° que la commune prouve qu'elle a été dépossédée par l'effet de la puissance féodale.

« L'Assemblée nationale, dit le préambule de la loi de 1792, considérant qu'il est instant de rétablir les communes et les citoyens dans les propriétés et droits dont ils ont été dépouillés par l'effet de la puissance

féodale, décrète qu'il y a urgence. » L'esprit de cette
loi se trouve tout entier dans ces trois lignes du préambule. Toutes ses dispositions révèlent la même
pensée.

Par conséquent, pour que les commmunes puissent
invoquer l'article 8, afin de se faire réintégrer dans les
biens usurpés, il faut nécessairement qu'elles aient
pour adversaires leur ancien seigneur ou ses représentants, car lui seul a pu abuser à leur égard de la
puissance féodale.

Que décider alors à l'égard du tiers détenteur, dans
le cas où les seigneurs auraient vendu les terres en
question ?

Le tiers détenteur est complétement en dehors des
cas prévus par l'art. 8 ; les communes ne pourront
donc nullement l'inquiéter ; c'est ce qui résulte très-
clairement de l'art. 13 de notre même loi des 28 août-
14 septembre 1792, où il est dit que si les biens men-
tionnés a l'art. 8 ont été vendus par les ci-devant seigneurs, les droits respectifs des parties doivent être
réglés conformément aux articles 3 et 4.

Voici comment sont conçus ces articles :

ART. 3. Les dispositions portées par les deux articles précédents (relatifs aux triages) n'auront lieu
qu'autant que les ci-devant seigneurs se trouveront en
possession actuelle des dites portions de bois et autres
biens dont les communautés auront été dépossédées ;
mais elles ne pourront exercer aucune action en dé-

laissement, si les ci-devant seigneurs ont vendu les dites portions à des particuliers non seigneurs par des actes suivis de leur exécution.

Art. 4. Si les ci-devant seigneurs n'ont pas reçu le prix des dites portions de biens vendues dans le cas exprimé par l'article précédent, ce prix tournera au profit des communautés avec les intérêts qui pourraient se trouver dus; et dans le cas où les dites portions auraient été aliénées à titre de bail à cens emphytéote, ou de tout autre bail à rente, les rentes stipulées, ainsi que les arrérages et le prix du rachat, tourneront également au profit des communautés. »

Le tiers détenteur ne peut donc pas être inquiété par les communes. Celles-ci n'ont contre lui qu'une simple créance, et dans le cas seulement où il n'a pas payé son prix d'acquisition.

Combien de temps ont les communes à partir de la loi de 1792 pour intenter leur action en réintégration?

L'article 6 de notre loi des 28 août-14 septembre 1792, après avoir autorisé la révision des cantonnements opérés depuis moins de trente ans, ajoute : « Et par « l'effet des dispositions ci-dessus, les communautés « seront tenues de se pourvoir dans le délai de cinq « ans par devant les tribunaux ordinaires. »

Ce délai de cinq ans seulement, qui est accordé aux communes pour intenter leur action en révision des cantonnements opérés, est-il applicable à notre matière?

M. Troplong répond négativement. En droit commun, dit-il, la prescription est de trente ans ; pour qu'elle soit moindre, il faut une disposition spéciale ; or, nous n'avons pas, dans la loi de 1792, de dispositions spéciales en ce qui concerne les biens dont les communes ont été dépouillées par l'effet de la puissance féodale. Donc les communes ne seront déchues que par une prescription trentenaire.

Ces dispositions sur la réintégration des communes dans les biens usurpés avaient une plus grande portée qu'on ne se l'était figuré en les votant. On le vit bien plus tard, lorsqu'elles atteignirent les forêts de l'État ; le correctif ne se fit pas attendre long-temps. Les lois des 7 brumaire et 29 floréal an III, déclarèrent que toute exploitation de bois rendue aux communes, en vertu de sentences arbitrales et même de jugements, demeurerait suspendue jusqu'à déci-sion nouvelle. Les lois du 28 brumaire an VIII et des 19-20 germinal an XI furent conçues dans ce même ordre d'idées.

2° Extension du domaine communal aux terres vaines et vagues qui avaient été défrichées ou possédées par les seigneurs depuis moins de quarante ans à partir du 4 août 1789. — Il est ici question des terres vaines et vagues dont nous avons déjà parlé et qui, avant la Révolution, dépendaient des justices seigneuriales.

Nous avons vu que la loi des 13-20 avril 1791 avait

partagé ces terres en deux catégories : 1° celles dont les seigneurs s'étaient mis publiquement en possession avant le 4 août 1789 ; celles-là étaient laissées aux seigneurs ; 2° celles qui n'avaient été l'objet d'aucune appropriation de la part des seigneurs ; ces dernières avaient été attribuées aux communes.

La loi des 28 août - 14 septembre 1792 fut beaucoup plus favorable aux communes que celle d'avril 1791. Voici en effet comment est conçu l'art. 9 :

« Les terres vaines, vagues, landes, garigues, biens hermès ou vacants, etc., dont les communautés ne pourraient pas justifier avoir été anciennement en possession, sont censés leur appartenir et leur seront adjugés par les tribunaux, à moins que les anciens seigneurs ne prouvent par titre ou possession exclusive, continuée paisiblement et sans trouble pendant quarante ans, qu'ils en ont la propriété. »

Ainsi, selon la loi de 1791, les seigneurs qui s'étaient mis publiquement en possession des terres vaines et vagues de leurs justices avant le 4 août 1780, en étaient devenus instantanément propriétaires incommutables. La loi des 28 août-14 septembre 1792 exigea, au contraire, des seigneurs justiciers une possession de quarante ans au 4 août 1789, pour les maintenir dans la propriété des biens vagues dont ils s'étaient emparés.

Enfin, la loi du 10 juin 1793 alla plus loin encore. Elle ne se contenta pas d'une possession de quarante ans, elle exigea du seigneur un *titre légitime d'acquisition*, pour lui permettre de repousser la revendication des communes.

Voici en quels termes sont conçus les deux articles de la section 4 de cette loi, relatifs à notre matière :

« Art. 1. Tous les biens communaux en général, connus sous les divers noms de terres vagues et vaines, gastes, garigues, landes, pacages, pâtis, ajoncs, bruyères, bois communs, hermès, vacants, palus, marais, marécages, montagnes, et sous toute autre dénomination quelconque, *sont et appartiennent de leur nature* à la généralité des habitants ou membres des communes, des sections de communes dans le territoire desquelles ces communaux sont situés ; et comme telles les dites communes ou sections de communes sont fondées et autorisées à les revendiquer, sous les restrictions et modifications portées par les articles suivants :

« Art. 8. La possession de quarante ans exigée par la loi du 28 août 1792, pour justifier la propriété d'un ci-devant seigneur, sur les terres vaines et vagues, gastes, garigues, landes, marais, bien hermès, vacants, ne pourra en aucun cas suppléer le titre légitime, et le titre légitime ne pourra être celui qui émanerait de la puissance féodale, mais seulement un acte authentique qui constate qu'ils ont légitimement acheté lesdits biens conformément à l'art. VII de la loi du 28 août 1792. »

Nous voyons 'donc que les deux lois de 92 et de 93 sont à peu près uniformes dans leurs dispositions; elles déclarent toutes deux les communes propriétaires des terres vaines et vagues : mais les motifs de leur décision sont bien différents.

La première se détermine par la considération que ces terres sont *censées* appartenir aux communes; la seconde, plus tranchante et plus catégorique, déclare qu'elles leur appartiennent de leur *nature*.

La première, pour maintenir le seigneur en possession, exige qu'il ait eu, au 4 août 1789, une possession de quarante ans; la seconde, ne se contentant plus de cette possession de quarante ans, dépouille complétement le seigneur, à moins qu'il ne produise un titre légitime, n'émanant pas de la puissance féodale.

Cette partie de la loi du 10 juin 1793 relative à l'extension des biens communaux aux terres vaines et vagues a-t-elle été *abrogée* par les lois postérieures ?

La loi du 21 prairial an IV *suspendit* toutes les dispositions de celle du 10 juin 1793. — « Il est sursis provisoirement, dit l'art. 1er, à toutes actions et poursuites résultant de l'exécution de la loi du 10 juin 1793 sur le partage des biens communaux. »

Le sursis prononcé par cette loi ne dura que jusqu'au 9 ventôse an XII; alors une seconde loi leva le sursis prononcé par celle du 21 prairial an IV, et *modifia* les dispositions de celle du 10 juin 1793, *relatives aux partages de biens communaux.*

Par conséquent, la loi de 1793 n'a pas été *abrogée* relativement aux dispositions extensives du domaine communal aux terres vaines et vagues : ces terres appartiennent toujours « *de leur nature* à la généralité des habitants de la commune, » et les seigneurs qui veulent faire valoir leurs droits doivent produire un titre légitime d'acquisition (1). Voici d'ailleurs le texte de l'art. 7 de la loi du 9 ventôse an XII :

« Art. 7. Quant aux actions que des tiers pourraient avoir à intenter sur ces mêmes biens, le sursis prononcé par la loi du 21 prairial an IV à toutes poursuites et actions résultant de l'exécution de la loi du 10 juin 1793 est levé. »

En ce qui concerne le tiers détenteur, quelle condition lui fut faite par la loi du 10 juin 1793 ?

Nous avons vu que le tiers détenteur des biens cultivés ou non qui avaient été usurpés par les seigneurs ne devait pas être inquiété (art. 13 de la loi du 28 août 1792). En est-il de même du tiers détenteur des terres vagues et vaines ?

La loi du 10 juin 1793 (art. 9 et 10) use de distinctions.

1° Si le tiers détenteur a acquis ces terres vaines et vagues d'un seigneur, elle le maintient propriétaire dans deux cas : 1° s'il a eu quarante ans de possession au 4 août 1789 ; 2° si, n'ayant pas eu quarante ans de

(1) Cass., 21 décembre 1825.

possession au 4 août 1789, il a un titre légitime joint au fait d'avoir défriché par lui-même ou par ses auteurs les terres vaines et vagues dont il s'agit.

2° Si le tiers détenteur a acquis ces terres vaines et vagues d'un particulier non seigneur avant 1793, ou s'il se trouve en possession sans titre, la loi lui applique le droit commun. C'est donc alors à la commune de fournir les preuves de sa propriété ; la présomption tirée de l'art. 1er de la section IV cesse, puisque l'art. 9 proclame que le législateur n'a eu pour but que la répression des abus de la puissance féodale.

La loi du 10 juin 1793 a plusieurs autres dispositions très-importantes ; mais elles seront étudiées avec plus de fruit quand nous nous occuperons des partages de biens communaux.

On a beaucoup blâmé la Convention d'avoir fait la loi du 10 juin 1793 ; on a dit que, sous prétexte de punir les usurpations des seigneurs, elle s'était laissée aller à une véritable spoliation des droits les plus légitimes.

Sans doute, le législateur de 1793 eut le tort de donner à ses dispositions un effet rétroactif exhorbitant ; mais avant de l'ensevelir sous les reproches, il faut bien tenir compte des circonstances. Rappelons-nous que les seigneurs, qui étaient alors dépouillés, avaient été spoliateurs à l'époque de leur toute-puissance ; n'oublions pas qu'alors ces seigneurs combattaient sous les drapeaux de l'étranger et la Révolution et ses principes ; enfin, mettons-nous à la place de cette assemblée qui délibérait sous les menaces de la commune et des clubs, et voyons si nous aurions été plus justes et moins passionnés.

Il est bien évident que toutes ces considérations ne légitiment pas les mesures radicales prises par la Convention ; mais elles les expliquent. D'ailleurs, les conditions mises par elle à l'exercice du droit de revendication des communes n'étaient-elles pas assez sévères ? En exigeant que la demande de la commune, tendant à être mise en possession des terres vaines et vagues, fût formée dans les cinq ans à dater de la promulgation de la loi, la Convention ne faisait-elle pas preuve de modération ? Oui certainement, et le président Henrion de Pansey, qui a fait de cette loi une critique si pleine d'amertume, ne peut pas s'empêcher de reconnaître qu'en cela le législateur de 1793, a été juste et pratique.

Nous trouvons à la suite du décret de 1793 une foule d'autres décrets relatifs aux biens communaux ; mais aucune de ces dispositions n'a changé les principes proclamés par la Convention, au point de vue de la propriété communale.

Cependant, deux lois, l'une du 20 mars 1813, l'autre du 23 septembre 1814, tentèrent de faire pénétrer dans la législation communale des principes réellement spoliateurs. Dans le but de créer au profit de l'État des ressources dont il avait alors un pressant besoin, ces deux lois l'autorisèrent à vendre à son profit toutes les propriétés communales à la charge de servir aux communes ainsi dépouillées une rente égale au montant du revenu net des biens vendus. Ces deux lois étaient trop arbitraires pour ne pas soulever une foule d'animosités. Aussi ne reçurent-elles qu'une exécution partielle. Elles furent abrogées par la loi du 26 avril 1840. D'ailleurs, elles n'étaient pas applicables aux biens communaux proprement dits, mais seulement aux biens patrimoniaux.

La loi du 18 juillet 1837 et le décret du 25 mars 1852 s'occupèrent aussi des biens communaux, mais sans rien modifier au point de vue de la propriété.

Enfin, la loi du 28 juillet 1860 sur la mise en culture des marais et des terres incultes essaya de transformer la propriété communale en offrant aux communes l'avance des fonds du Trésor et la science des ingénieurs de l'État. Cet essai a été déjà couronné d'assez de succès pour que l'expérience faite sur les marais et les terres inondées soit étendue à tous les communaux. Nous aurons plus tard occasion de donner de très-amples eclaircissements sur cette loi.

Nous voilà arrivés au terme de l'histoire du domaine communal, car la loi du 24 juillet 1867 sur les conseils municipaux, dont nous dirons un mot tout à l'heure, n'a pas modifié la législation antérieure, spéciale à la propriété communale.

Nous pouvons donc maintenant répondre avec beaucoup plus d'assurance à cette question qui a longtemps divisé les jurisconsultes : quelle est l'origine des biens communaux?

Si nous ne nous sommes pas égarés au milieu des investigations que nous avons faites dans les municipes romains et dans les communes du XII* et du XIII* siècle, nous serons amenés à conclure que l'origine des biens du domaine communal est multiple.

Parmi ces biens, les uns, en petit nombre, il est vrai, remontent à l'époque romaine et aux attributions faites par les empereurs aux curies des terres abandonnées; d'autres ont une origine beaucoup plus récente; ils furent concédés, soit gratuitement, soit à titre onéreux, par les seigneurs tant ecclésiastiques que laïques dans le but de grouper la population autour de leurs châteaux; d'autres enfin ne sont que les derniers débris des sociétés fondées au moyen-âge et qui ont subsisté jusqu'à ces derniers temps, comme par exemple la communauté des Jault dont Dupin aîné nous a révélé l'existence en 1840 dans son *Histoire du Morvan*.

CHAPITRE VII

L'art. 17 de la loi du 18 juillet 1837 est ainsi conçu :

« Les conseils municipaux règlent par leurs délibérations les objets suivants :

1° Le mode d'administration des biens communaux ;

2° Les conditions des baux à ferme ou à loyer dont la durée n'excède pas dix-huit ans pour les biens ruraux et neuf ans pour les autres biens ;

3° Le mode de jouissance et la répartition des pâturages et fruits communaux, autres que les bois, ainsi que les conditions à imposer aux parties prenantes ;

4° Les affouages en se conformant aux lois forestières. »

C'est donc au conseil municipal qu'il appartient de régler le mode d'administration des biens communaux ; mais ses délibérations ne sont exécutoires que si, dans le délai de trente jours, le préfet ne les a pas annulées, soit pour violation de la loi, soit dans le cas de réclamation d'une partie intéressée.

La loi du 24 juillet 1867 n'a modifié qu'une seule chose en ce qui touche l'administration des biens communaux. Désormais les conseils municipaux pourront faire des baux de dix-huit ans aussi bien pour les maisons que pour les biens ruraux.

La loi du 18 juillet 1837 range les délibérations qui peuvent être prises par les conseils municipaux dans trois catégories :

1° Sur un certain nombre de questions les conseils municipaux ont un pouvoir de *réglementation*. Dans ce cas, le préfet n'a pas le droit de modifier la délibération ; il n'a que le droit d'y opposer son *veto* pour causes déterminées.

2° Dans la seconde catégorie se rangent les délibérations proprement dites. Ces sortes de délibérations ne constituent pas un droit de décision définitif : pour être exécutoires, il faut qu'elles soient approuvées par le préfet. Ce droit de délibération n'est donc en fin de compte qu'un simple droit consultatif.

3° Enfin les conseils municipaux peuvent émettre des avis et des vœux ; mais ce ne sont là que de simples formules de politesse, car le préfet peut ne tenir aucun compte des avis qui lui sont donnés et des vœux qui ont été émis.

Qu'a fait maintenant la loi de 1867 ?

Elle n'a pas changé le principe que les délibérations des conseils municipaux se divisent en trois classes. Qualifiée par le gouvernement qui l'a présentée et par le rapporteur de la commission du Corps législatif de loi de décentralisation (1), elle s'est bornée à transporter certaines matières de la seconde catégorie dans la première. Ainsi toute la loi du 24 juillet 1867 peut se résumer ainsi : Les conseils municipaux auront le pouvoir de *régler* certaines matières, sur lesquelles ils n'avaient sous l'empire de la loi du 18 juillet 1837 qu'un simple droit de *délibération*. Si la loi du 24 juillet 1867 se fût bornée là, assurément, elle eût constitué un progrès sensible dans notre législation communale; mais elle ajoute toutes les fois qu'elle fait une modification à la loi de 1837 :

« En cas de désaccord entre le maire et le conseil municipal, la délibération ne sera exécutoire qu'après l'approbation du préfet. »

Cette simple disposition change toute l'économie de la loi. Au lieu d'être une loi de décentralisation, elle devient une loi de centralisation. C'est ce qu'expliquait très-bien M. Marie dans le cours de la discussion au Corps législatif.

« Voici un conseil municipal, disait-il, qui a pris l'initiative d'une délibération sur une ou plusieurs des

(1) « Nous croyons caractériser exactement la première partie de la loi en disant que c'est une loi d'affaires et de détails, destinée à simplifier et à faciliter, par la *décentralisation*, la marche de l'administration municipale. » (Rapport de M. Seneca, p. 2.)

matières contenues dans l'art. 1er du projet de loi. Il examine, il délibère, il vote, et, à l'unanimité ou à une majorité incontestable, il prend une décision. Si, en effet, il a en lui le pouvoir de régler définitivement cette sorte d'affaires, si, en effet, cette affaire a été décentralisée, pour me servir de l'expression légale, eh bien, tout est dit, et du moment où la décision a été prise, la délibération accomplie, le vote acquis, tout est complet et tout doit s'exécuter, sauf cependant le droit réservé toujours au préfet, d'après la loi de 1837, d'examiner dans les trente jours si la délibération n'est pas attentatoire à une loi ou à un règlement d'administration publique, ou si elle ne lèse pas un intérêt public ou privé.

Eh bien, lorsqu'on aura traversé ce que le conseil municipal doit nécessairement traverser avant d'arriver à une décision, aura-t-on véritablement une décision définitive, échappant tout à fait à l'action et aux résistances du pouvoir central? Pas du tout ! A ce moment le maire se lève......

Garnier-Pagès. — C'est la négation absolue du droit !

Marie. — Le maire se lève, et le maire déclare que, quant à lui, il ne partage pas l'opinion du conseil municipal ; et aussitôt que le maire a fait cette déclaration, qu'arrive-t-il? Écoutez ! Cette décision, qui, selon l'art. 1er, et pour que la décentralisation ne soit pas une déception, devrait être une décision définitive, cette décision ne l'est pas. Elle sort de la première catégorie, celle des affaires réglées par le pouvoir municipal seul, pour entrer dans la seconde catégorie, qui ne donne aux décisions du conseil force exécutoire qu'autant que M. le préfet aura donné son approbation.

M. Garnier-Pagès. — C'est cela! C'est la négation du droit.

M. Marie. — Et alors je me demande ce que devient, dans ce système, l'initiative accordée à tous les membres du conseil municipal de provoquer une délibération sur un intérêt donné.

M. Garnier-Pagès. — Elle devient zéro.

M. Marie. — Que devient la discussion qui s'est engagée au sein du conseil municipal? Que devient la délibération qu'il a prise, la décision qui est sortie de cette délibération? Elle n'est plus rien, absolument rien! La décision appartient, en définitive, au préfet, dont l'approbation est nécessaire. C'est, en définitive, entre ses mains que se résoudra la difficulté soulevée au sein du conseil municipal. »

Au surplus, quoi qu'il en soit de la loi du 24 juillet 1867, comme elle n'a pas modifié les droits des conseils municipaux, en ce qui concerne le mode d'administration des biens communaux proprement dits, nous pouvons dire que leurs délibérations sur ce sujet n'ont besoin d'aucune approbation du préfet, même dans le cas où il y a désaccord entre le maire et le conseil; nous continuons, sous ce rapport, d'être régis

par la loi de 1837. Ce sont donc les conseils municipaux qui ont l'initiative et la réglementation, sauf, bien
entendu, le *veto* du préfet, de tout ce qui regarde la
propriété communale proprement dite. Ce sont eux
qui en règlent le mode de jouissance, qui les amodient
ou les mettent en ferme, qui prennent l'initiative de
leur allotissement et de leur mise en culture. Nous
aurons cependant à faire des restrictions sur la mise
en culture, quand nous nous occuperons de la loi du
28 juillet 1860.

Examinons ces différents modes d'administration.

SECTION I.

JOUISSANCE DES BIENS COMMUNAUX.

La jouissance des biens communaux proprement
dits est presque toujours laissée aux habitants de la
commune. Quelquefois, les conseils municipaux exigent une certaine redevance en argent, mais le plus
souvent les habitants n'ont que les impôts à payer.
Dans tous les cas, il importe de savoir quels sont ceux
qui seront considérés comme habitants et partant qui
ont droit de participer à la jouissance commune. Les
conseils municipaux doivent donc dresser la liste des
ayants droit, la publier et l'afficher pour provoquer les
réclamations de ceux qui se croiraient lésés, et, enfin,
rendre une décision définitive. Cette décision sera

ensuite transmise aux réclamants qui auront droit de se pourvoir devant les autorités compétentes.

Quels sont ceux qui ont le droit de figurer sur cette liste? Pour avoir droit aux jouissances communales il faut la réunion de trois conditions :

1° Il faut que celui qui réclame soit *chef de famille.*

Par chef de famille, on entend celui qui est indépendant et maître de sa personne, peu importe du reste qu'il soit marié ou veuf, majeur ou mineur. Ainsi les curés et les maîtres d'école sont compris sous la dénomination de chefs de famille.

Les pauvres, qui ne sont pas inscrits au rôle de la contribution personnelle et mobilière d'une commune, qui par conséquent ne supportent aucune des charges attachées à la qualité d'habitants, doivent-ils être admis aux jouissances communales? Une ordonnance du conseil d'État du 16 mars répond négativement, mais la plupart des auteurs soutiennent le contraire en disant que ce serait placer les pauvres dans une position inquiétante pour la société, que de les priver des affouages et des jouissances communes. D'ailleurs, ajoute Dalloz (1), « les communaux ne sont-ils pas le patrimoine des pauvres? C'est bien d'eux que l'on peut espérer une amélioration du sort du travailleur; la doctrine qui tend à les en priver sans aucun texte clair et formel est donc non-seulement contraire aux règles d'interprétation des lois, mais encore à l'humanité. »

(1) Dalloz, *Répertoire,* v° *Commune,* n° 2321.

2° La loi exige en second lieu que celui qui réclame des jouissances communales ait un *domicile réel et fixe* dans la commune.

Que faut-il entendre par ces mots, domicile réel et fixe?

Certains auteurs soutiennent que par ces mots il faut entendre un domicile établi par un an de résidence effective dans la commune. Ils invoquent à l'appui de leur opinion la disposition de l'art. 1er, section II de la loi du 10 juin 1793 qui exige, en effet, un an de résidence pour donner droit à une part dans le partage des biens communaux; mais ils ne remarquent pas que la loi de 1793 a eu pour objet, non pas le partage des *jouissances* communes, mais le partage de la *propriété* des biens communaux. Ils invoquent aussi l'art. 4 de la loi de vendémiaire an IV qui dispose que le droit de voter dans un collége électoral ne sera établi que par un an de domicile, et enfin l'art. 6 de la Constitution de l'an VIII d'après lequel, « pour exercer les droits de cité dans un arrondissement communal, il faut y avoir acquis domicile par une année de résidence et ne l'avoir pas perdu par une année d'absence. » Mais toutes ces lois, étant simplement relatives à certains droits politiques, sont, par conséquent, complétement étrangères à la jouissance des biens communaux. La question du domicile, en ce qui concerne les jouissances communes, reste donc dans les termes du droit commun. Or le droit commun, en matière de domicile, est qu'il s'établit par le fait de fixer dans un endroit son principal établissement, joint à l'intention d'en faire le siége de son industrie. Par conséquent le droit aux jouissances communales naît pour l'habitant d'une commune du jour où son domicile a été constaté, peu importe d'ailleurs que ce domicile soit établi par un an ou par un jour de résidence.

Maintenant, la question de savoir si les propriétaires forains ont un droit aux jouissances communales ne sera pas difficile à résoudre. Il est bien évident que si, pour avoir un droit quelconque aux produits des biens communaux, il faut être domicilié dans la commune, il va sans dire que les propriétaires forains en sont entièrement exclus. Cependant une décision judiciaire a reconnu « aux propriétaires riverains le droit de faire pâturer leurs troupeaux dans les biens qui sont abandonnés à la jouissance commune ; » mais elle a été réformée par un arrêt de la Cour de Pau en date du 21 janvier 1860. La jurisprudence du ministère de l'Intérieur est fixée dans le même sens que l'arrêt de Pau.

Faut-il, pour avoir droit aux jouissances communales, être naturalisé Français? En d'autres termes, les étrangers ont-ils droit aux jouissances communes? L'article 3, section II de la loi du 10 juin 1793, dit que les Français seront seuls admis au partage des biens communaux. Un auteur, M. de Cormenin, et de nombreux arrêts, se fondant sur ce texte, ont décidé que les étrangers, quand bien même ils seraient autorisés à établir leur domicile en France, ne devaient avoir aucune part dans les affouages et dans les jouissances communales. Mais cette opinion n'a pas prévalu : la jurisprudence la plus récente d'accord avec les auteurs les plus autorisés admet que l'article 13 du Code Napoléon a rapporté la disposition de la loi du 10 juin 1793. L'article 13 du Code Napoléon dit, en effet, que l'étranger autorisé à établir son domicile en France y jouira des droits civils. Or le droit de prendre part aux jouissances communales est bien évidemment un droit civil ; il s'ensuit donc que l'étranger ne doit pas en être privé.

La Cour de cassation l'a ainsi jugé dans un arrêt fortement motivé du 11 mai 1858 :

« Attendu, dit-elle, que les droits de pâturage et d'affouage que les habitants d'une commune exercent sur les biens communaux, qui sont réservés à cet effet, sont des droits réels existants pour l'utilité des maisons et héritages de la commune ; que la jouissance en appartient dès lors à tous ceux qui possèdent, habitent ou exploitent ces maisons ou héritages, quelle que soit leur qualité ; que les art. 1, 2 et 3 de la section deuxième de la loi du 10 juin 1793, qui faisaient de la qualité de citoyen français une condition nécessaire pour avoir droit au partage des biens communaux, sont sans application dans la cause, puisque leurs dispositions se référaient uniquement au partage et non à la jouissance des dits biens, ainsi que cela résulte de l'art. 16, section III de cette loi; que les étrangers à qui nos lois permettent d'être propriétaires ou fermiers en France doivent, comme tous les autres habitants, jouir des droits de partage et d'affouage sur les biens communaux;

« Attendu qu'il est reconnu, en fait, dans le jugement attaqué, que B. habite depuis plusieurs années la commune de H. et exploite, à titre de fermier, un domaine situé sur le territoire de cette commune; qu'ainsi en refusant de prononcer aucune condamnation.... etc. »

Depuis 1858 la Cour de cassation n'a pas changé sa jurisprudence; elle a même décidé par arrêt du 21 juin 1861 qu'un étranger, même non autorisé à établir son domicile en France, a droit aux jouissances communales s'il a fixé sa résidence dans la commune d'une manière réelle et permanente.

Les conditions énumérées plus haut sont les seules que la loi exige des habitants de la commune pour leur donner le droit de figurer sur la liste.

Mais, cette liste une fois dressée, tous ceux dont le nom y figurera auront-ils un droit égal?

Il est indispensable de se reporter à l'ancienne législation et à la législation révolutionnaire pour avoir une idée exacte de celle qui nous régit aujourd'hui.

Sous l'ancien régime, l'élément féodal était prépondérant en ce qui concernait le mode de répartition des jouissances communales. La qualité de propriétaire était prise en sérieuse considération. Ainsi deux arrêts du parlement de Rouen, des 2 avril 1737 et 9 mars 1747, attribuèrent à chaque propriétaire une part de jouissance proportionnelle à l'étendue de leurs domaines.

D'autres arrêts, au lieu de prendre pour base de la répartition l'étendue des propriétés, prirent le montant des contributions ou le toisé des habitations.

Des lettres patentes des 28 octobre 1771, 9 mai 1773, 26 octobre 1777, édictées spécialement pour la Flandre et l'Artois, mettant de côté l'étendue des propriétés, le montant des contributions, le toisé des bâtiments de chaque propriétaire, donnèrent un droit de jouissance égal à chaque chef de famille.

C'est là ce qu'on a appelé le partage par feux.

La Révolution française, qui abolit tout ce qui pouvait toucher de près ou de loin à la féodalité, ne laissa subsister aucun des deux modes consacrés soit par les arrêts, soit par les lettres patentes précités. La loi du 10 juin 1793 ordonna en effet que la répartition des fruits communaux se ferait par tête d'habitant. L'égalité la plus absolue devait exister entre tous ceux qui avaient droit aux jouissances. Il n'y avait aucune distinction à faire sur la qualité et sur l'âge des ayants droit. Les mineurs, les femmes, les filles, les veuves, pouvaient réclamer un droit aussi étendu que le plus gros propriétaire.

Ce mode de répartition des jouissances communales

ne dura pas longtemps. Le 20 juin 1806, le conseil d'État, appelé à se prononcer sur la délibération d'un conseil municipal, qui avait admis le partage des affouages en prenant pour base de sa répartition l'étendue des terres appartenant à chaque habitant, annula cette délibération et déclara que le partage serait fait par feux. C'était revenir à l'idée des lettres patentes de 1771 et de 1773. Cette décision prise dans une affaire spéciale se généralisa et fut même appliquée dans un avis du même conseil du 20 juillet 1807 au partage des biens indivis entre plusieurs communes. Enfin, le législateur du code forestier (art. 105) jugea à propos de la faire passer dans la loi.

« Art. 105. S'il n'y a titre ou usage contraire, le partage des bois d'affouage se fera par feux, c'est-à-dire par chef de famille ou de maison ayant domicile réel et fixe dans la commune. »

Aujourd'hui les jouissances communales doivent donc être réparties par feux, à moins qu'il n'y ait titre ou usage contraire.

Par le mot titre, il faut entendre les écrits émanés soit de la première législative, soit de l'administration supérieure, ou bien consentis contractuellement par les communes au profit des tiers. Quant aux usages, il faut qu'ils soient publics, réitérés pendant un certain temps et observés par tous les habitants sans contrainte. M. Jèze, dans son *Dictionnaire général d'administration*, v° *Affouage*, distingue parmi ces usages

« entre ceux qui établissaient des conditions person-
nelles d'admission à l'affouage, et ceux qui réglaient
simplement le mode de répartition entre les ayants
droit. Ces derniers seuls, ajoute-t-il, ont été maintenus
par le code forestier, attendu que tout habitant, chef
de ménage, est admis par les lois à participer à la
jouissance des biens communaux (L. 10 juin 1793;
C. Nap., art. 542), que, par conséquent, l'exception
établie par l'art. 105 ne peut s'appliquer qu'aux diverses manières de répartir l'affouage entre les ayants
droit. »

Du reste, la répartition des jouissances communales se faisant par feux, chacun des copartageants a
un droit égal.

§ 1. *De l'affouage communal.*

Quand on s'occupe des jouissances communales,
il est impossible de ne pas dire quelques mots sur l'affouage.

On entend par affouage le droit qu'ont les habitants
d'un village ou d'une commune de prendre dans une
forêt les bois qui leur sont nécessaires soit pour le
chauffage, soit pour la construction ou la réparation
de leurs bâtiments. — Il y a plusieurs espèces d'affouages, c'est-à-dire que ce droit peut s'exercer sur les
forêts de l'État ou des particuliers; c'est alors un véritable droit d'usage; mais nous ne nous occupons ici

que de l'affouage communal, de l'affouage qui s'exerce sur les forêts de la commune, parce que celui-là seul rentre dans notre sujet et fait partie des biens *communaux proprement dits*.

La commune qui a une forêt peut parfaitement déclarer que les produits de cette forêt, au lieu d'être vendus, seront distribués aux habitants.

Autrefois, il n'y avait pas de distribution à faire. Chaque habitant de la commune avait le droit d'aller abattre lui-même et prendre les arbres qu'il jugeait nécessaires à ses besoins, à la condition, toutefois, de ne pas en abuser. Si même on remonte à une époque plus reculée, on voit que ce droit était exercé non-seulement dans les forêts des communes, mais même dans celles des particuliers. C'est ce que dit la loi Gombette : *Si quis Burgundio aut Romanus sylvam non habeat, incidendi ligna ad usus suos dejacentivis et sine fructu arboribus, in cujuslibet sylva, habeat liberam potestatem : neque ab illo cujus sylva est repellatur.* (Lex Burgund., § 28.)

Le premier document législatif important qui opposa une barrière à ce pouvoir discrétionnaire de chacun des habitants de la commune, ce fut la fameuse ordonnance de 1669 sur les eaux et forêts. Elle établit la nécessité de conserver une certaine partie de la forêt communale en réserve, mais elle ne réglementa nullement d'une manière spéciale l'affouage communal. Elle décida au contraire, par l'art. 11 du titre XXV, que le partage des coupes affouagères se ferait *suivant la coutume.* Les modes de distribution varièrent donc à l'infini, jusqu'a la Révolution française, malgré les efforts tentés par les ducs de Lorraine pour établir une règle générale.

En l'an II, la loi du 26 nivôse ordonna que « les bois alors coupés et provenant des biens communaux seraient partagés par tête entre les habitants. » Cette manière de partager les affouages était trop contraire aux habitudes établies pour ne pas rencontrer d'énergiques résistances. Aussi la loi de nivôse an II ne fut-elle presque pas appliquée. Cependant le principe d'égalité qu'elle proclamait était juste; et un arrêté du 10 frimaire an X prescrivit-il d'y revenir. Mais, bientôt, l'avis du conseil d'État du 20 juillet 1807, relatif au partage des biens communaux indivis entre plusieurs communes, décida que ces biens seraient partagés, non plus suivant le nombre des habitants, mais en raison des feux de chaque commune. L'année suivante (le 26 avril 1808), le même conseil d'État déclara formellement que cette décision devait s'appliquer aux affouages et aux jouissances communes.

D'après cette décision, les anciens usages étaient complétement écartés; mais le code forestier, qui est venu en dernier lieu régler cette matière, a décidé, en principe, que le partage des affouages communaux se ferait par feux, et que, malgré cela, on respecterait les anciens usages. Nous avons déjà expliqué cette disposition du code forestier en donnant le texte de l'art. 105. Contentons-nous d'ajouter ici que cet art. 105 du code forestier est une anomalie dans notre législation, qui a la prétention d'être uniforme pour tout le monde; car avec le principe et l'exception qu'il pose, il est sinon impossible, du moins excessivement difficile de déterminer les conditions d'aptitude à l'affouage, puisqu'elles peuvent varier à l'infini non-seulement de commune à commune, mais de village à village.

Quelle est la nature du droit d'affouage communal?

Nous avons dit plus haut que les habitants d'une commune pouvaient avoir plusieurs espèces d'affouages, et nous avons ajouté que l'affouage qui était exercé sur les forêts des particuliers ou sur celles de l'État était un véritable *droit d'usage*. En est-il de même de l'affouage communal? en d'autres termes, les produits d'un bois appartenant à une commune qui, au lieu d'être vendus, sont distribués aux habitants, le sont-ils en vertu d'un véritable droit réel d'usage?

Les auteurs ne sont pas d'accord sur la question. Tous reconnaissent bien que la *propriété* du bois communal appartient à la commune, être moral, et non pas aux habitants considérés *ut singuli*; mais les produits de cette propriété, à qui appartiennent-ils? Les habitants considérés *ut singuli* ont-ils sur eux un droit indéniable?

Proudhon pense qu'ils sont *usagers*; et voici comment

il définit l'affouage : « Un droit d'usage , servitude réelle, appartenant à l'habitant comme celui qui appartient à un particulier, pour son chauffage et l'entretien de sa maison, sur le bois d'un autre particulier ; ce droit d'usage est d'une nature toute particulière. » Malgré cette restriction, et malgré la disposition de l'art. 542 du Code Napoléon qui dit que les biens communaux sont ceux à la propriété ou aux produits desquels les habitants ont *un droit acquis*, cette doctrine est généralement repoussée, parce que l'affouage communal ne réunit pas du tout les caractères du droit d'usage. En effet :

1° Celui qui a un droit d'usage a simplement le droit de prendre tout ce qui lui est nécessaire pour sa consommation ; il n'a pas le droit de vendre ce qu'il ne consomme pas. L'art. 83 du code forestier lui-même applique ce principe à l'affouage établi au profit d'un particulier sur les forêts de l'État, parce qu'alors le particulier a un droit d'usage. Mais il n'en est pas de même de l'affouage communal. Une fois que la distribution de bois a été faite, chacun est libre de disposer de sa part comme bon lui semble. Bien plus, la forêt pourra être aménagée de manière à ce que les coupes ne soient pas toutes égales. Ainsi, il pourra se faire que la première coupe dépasse les nécessités de la consommation et que la seconde soit complétement insuffisante ; il n'y a rien là qui ressemble à un droit d'usage.

2° Un droit d'usage est un droit réel dont on ne peut être exproprié que moyennant une juste et préalable indemnité. Si donc l'affouage est un droit d'usage, les habitants d'une commune qui a une forêt communale auront droit à une indemnité juste et préalable, le jour où cette commune, au lieu de distribuer les produits de ses biens communaux, les vendra soit pour payer ses dettes, soit pour tout autre motif. Mais nous voyons tous les jours le contraire arriver. Les conseils municipaux décident très-souvent que les coupes affouagères seront vendues ou que le mode de répartition des jouissances communes sera changé. Par conséquent, l'affouage communal n'est pas un droit d'usage, une servitude réelle, comme dit Proudhon.

Certains auteurs, abandonnant l'idée de Proudhon, pensent que l'affouage est comme un dividende qu'une société distribue à chacun de ses associés. Ces auteurs partent de ce principe, que la commune n'est autre chose qu'une *société de citoyens unis par des relations locales*, comme dit la loi du 10 juin 1793. La commune, ainsi que la société, a un patrimoine commun. Ce patrimoine appartient à l'être moral, la commune, et les produits, une fois les dépenses nécessaires payées, reviennent de droit aux habitants, absolument comme les dividendes d'une société.

L'assimilation, faite par les auteurs, de la commune à une société, est certainement très-ingénieuse, mais nous ne croyons cependant pas qu'elle soit juste.

A notre avis, il serait plus exact d'assimiler l'affouage communal au précaire romain. Si la commune abandonne à ses habitants le produit de ses forêts, c'est qu'elle le veut bien. Sa propriété, malgré cet abandon, n'en reste pas moins entière : elle n'est grevée d'aucune servitude, d'aucun droit réel. Si les habitants ont profité des coupes affouagères, ils doivent en remercier la commune qui leur a fait cette gracieuseté. Le conseil municipal pouvait décider que ces coupes au lieu d'être distribuées seraient vendues, et alors le produit de la vente, versé dans la caisse communale, aurait profité aussi bien aux forains (1) qu'aux habitants, tandis que les domiciliés profitent seuls de l'affouage.

Cette opinion, qui est énergiquement soutenue par M. Serrigny, peut s'appuyer sur le rapport de Favard de Langlade lors de la discussion du code forestier : « On doit faire une grande différence, disait-il, entre le droit d'usage qu'ont les habitants d'une commune dans les forêts de l'État, et celui qu'ils ont dans leurs bois communaux ; l'un est un droit sur une chose qui ne leur appartient pas, et l'autre n'est qu'un mode de jouissance de leur propre chose. »

Ajoutons que la loi du 18 juillet 1837 donne aux

____

(1) En les dispensant de payer des centimes additionnels.

conseils municipaux le droit de *régler* les affouages, parce qu'ils ne sont qu'un mode de jouissance, tandis que quand il s'agit des droits réels de parcours et de vaine pâture, ce n'est plus un droit de réglementation, mais tout simplement un droit de délibération qui leur est accordé (art. 19, n° 8).

L'affouage soulève une foule de questions, ayant trait les unes à la délivrance et à l'exploitation des coupes, les autres à la répartition et aux obligations des affouagistes; mais nous ne les examinerons pas; nous avons d'ailleurs examiné déjà ce qui concerne le mode de répartition des jouissances communales et les conditions d'aptitude à l'affouage; nous n'y reviendrons pas.

§ 2. *Questions de compétence à propos des jouissances communales.*

Devant quelle autorité les contestations relatives à la jouissance des biens communaux seront-elles portées ?

Celui qui croit que les mesures prises pour la répartition des jouissances communales ont porté atteinte à ses droits a deux voies différentes pour se faire rendre justice, la voie gracieuse et la voie contentieuse.

1° *Voie gracieuse.* Le plaignant s'adresse au conseil municipal, et le prie de revenir sur sa décision en ce qui concerne les réclamations qu'il a faites. Ainsi, par exemple, s'il n'a pas été porté sur la liste des ayants

droit, il soumet sa réclamation au conseil municipal.
Ou bien le conseil municipal admet la réclamation, ou
bien il la repousse : s'il l'admet, le nom du réclamant
est mis sur la liste et tout est dit ; s'il ne l'admet pas,
alors le réclamant a le droit de se pourvoir devant le
préfet.

Quels sont les pouvoirs de ce dernier ?

Aux termes de l'art. 18 de la loi du 18 juillet 1837,
il a le droit d'annuler la délibération du conseil municipal, mais son pouvoir s'arrête là. Si donc le réclamant veut être inscrit sur la liste, il faut absolument
qu'il sollicite une nouvelle délibération du conseil
municipal ou bien qu'il prenne la voie contentieuse,
car le préfet ne peut pas substituer sa volonté à celle
du conseil municipal.

2° *Voie contentieuse.* Le réclamant qui est décidé à
faire valoir ses droits devant les tribunaux doit d'abord
se poser cette question : Quel est le tribunal devant lequel je dois porter ma contestation ?

Pendant longtemps, le conseil d'État répondait :
C'est au conseil de préfecture, sauf recours au conseil
d'État, qu'il appartient de statuer sur toutes les réclamations des particuliers qui prétendent avoir droit à
une part dans les affouages ou dans les jouissances des
pâturages communaux.

Voici comment raisonnait le conseil d'État :

La loi du 18 juillet 1837 (art. 17 et 18) a chargé les
conseils municipaux du règlement des affouages et des

jouissances communales sous le contrôle de l'autorité administrative supérieure ; si donc il appartient aux tribunaux civils de statuer sur les questions de propriété qui peuvent s'élever à cette occasion, l'autorité administrative doit être seule compétente pour décider si les prétendants droit à une part dans les affouages et jouissances communes remplissent les conditions spéciales exigées par les lois ou règlements (1). C'était déjà ce que décidaient les art. 1 et 2, section V de la loi du 10 juin 1793, aux termes desquels les contestations qui pouvaient s'élever à raison du mode de partage soit des biens communaux; soit des fruits de ces mêmes biens, devaient être soumises aux directoires de département: or, les conseils de préfecture 'ayant remplacé les directoires de département pour le contentieux administratif, il s'ensuit que c'est devant eux que doivent être portées toutes les contestations relatives aux partages.

La Cour de cassation soutenait, au contraire, que les tribunaux civils étaient seuls compétents. Elle se basait sur les lois des 16-24 août 1790, art. 4, du 10 juin 1793, du 9 ventôse an XII; du 18 juillet 1837, aux termes desquelles l'autorité judiciaire est seule compétente pour toutes les contestations relatives aux droits de propriété, sans distinguer si le litige a lieu entre particuliers ou entre communes, et elle posait en principe que toutes les questions d'aptitude person-

____

(1) Ordonnance du conseil d'État du 7 août 1842.

nelle à la jouissance des biens communaux n'étaient en réalité que des questions de propriété.

Ainsi donc, selon le conseil d'État, toutes les contestations qui s'élevaient sur le point de savoir si les particuliers qui prétendaient avoir droit aux jouissances communes, remplissaient toutes les conditions d'aptitude exigées par les lois et règlements, étaient de la compétence administrative.

Selon la Cour de cassation, au contraire, elles étaient de la compétence judiciaire. Le tribunal des conflits, par les arrêts des 10 avril 1850 et 12 juin même année, décida que si l'autorité administrative était compétente pour statuer sur les contestations relatives au mode de partage des jouissances communes, elle ne l'était pas pour trancher les questions d'aptitude personnelle; « que l'art. 2, section V de la loi de 1793, ne déférait à l'autorité administrative que la connaissance des contestations qui pouvaient s'élever sur le mode de partage des biens communaux; que par ces expressions, le mode de partage, le législateur n'avait pas entendu soumettre à l'application de l'autorité administrative les questions d'aptitude personnelle desquelles dérive le droit individuel à l'affouage; que la loi du 18 juillet 1837, en chargeant les conseils municipaux de régler l'affouage par leurs délibérations, n'avait pas dérogé aux règles établies par la législation antérieure et au droit commun, sur la compétence des tribunaux civils. »

Le tribunal des conflits donna donc raison à la Cour de cassation, et depuis, le conseil d'État a accepté cette décision.

Par conséquent, dans l'état actuel de la jurisprudence administrative et judiciaire, les tribunaux civils sont seuls compétents pour décider : 1° quelles sont les personnes auxquelles on peut donner le nom de chefs de ménage ; 2° celles qui ont le domicile réel et fixe exigé par l'art. 105 du code forestier ; 3° enfin celles qui, étant étrangères, peuvent avoir droit aux jouissances communes.

Cette jurisprudence a été vivement attaquée par M. Serrigny, professeur à la Faculté de Dijon, qui regrette énormément que le conseil d'État ait abandonné ses anciennes traditions. Peut-être le savant professeur a-t-il raison ! peut-être le conseil d'État aurait-il dû tenir bon, ne fût-ce que dans l'intérêt des communes, qui seront contraintes, avec la jurisprudence qui a prévalu, de porter leurs réclamations devant les tribunaux civils et les cours impériales avec le cortége des procédures ordinaires si coûteuses et si compliquées. Mais il ne faut pas attendre un revirement de la part du conseil d'État, car la plupart des décisions du tribunal des conflits ont presque force de loi à ses yeux.

SECTION II.

AMODIATION.

La propriété communale forme en France la onzième partie du territoire. Elle a une superficie d'environ quatre millions sept cent mille hectares d'étendue. Sur ces quatre millions sept cent mille hectares, il y en a un million six cent quatre-vingt-dix mille qui sont plantés en bois et deux cent trente mille qui sont à l'état de terres labourables. Ces dix-neuf cent mille hectares ont une valeur d'un milliard et demi, et donnent un revenu de trente à quarante millions. Le reste, c'est-à-dire les deux tiers des propriétés communales, près de trois millions d'hectares, se compose de marais et de terres vaines et vagues et ne vaut guère que trois cents millions. Quant au revenu donné par cette immense étendue de terrains incultes, on est encore au-dessus de la vérité, si on l'estime de deux francs à deux francs cinquante centimes l'hectare. Il y a là une source de richesses considérable, mais malheureusement l'ignorance et l'esprit de routine, qui règnent en souveraines dans nos campagnes et même au sein des conseils municipaux, ont empêché la fécondation de cette immense quantité de terrains.

Il faut bien ajouter, cependant, que depuis quelques années, depuis surtout l'initiative prise par le gouvernement dans les landes de la Gascogne, en 1857, la mise en culture des biens communaux s'est faite sur une assez large échelle. Un des procédés les plus employés par les communes, c'est l'amodiation.

Qu'est-ce que l'amodiation?

L'amodiation n'est autre chose que la mise en ferme de biens communaux.

Les conseils municipaux, qui désirent mettre en culture les terrains improductifs de leurs communes, doivent prendre une délibération à ce sujet. Cette délibération est portée par la voie des annonces à la connaissance des habitants, puis transmise au préfet avec le cahier des charges. Le préfet a trente jours pour annuler ou suspendre cette délibération. A l'expiration de ce délai, l'amodiation se fait à la chaleur des enchères. Une fois l'adjudication faite, le maire, aux termes de l'art. 10 de la loi du 18 juillet 1857 est chargé de passer un bail avec l'adjudicataire.

Le ministère des notaires est-il nécessaire pour la passation de ce bail?

L'ordonnance royale du 7 octobre 1818 disposait qu'un notaire serait commis spécialement par le préfet; mais l'art. 16 de la loi du 18 juillet 1837, qui fixe les règles relatives aux diverses adjudications publiques faites pour le compte des communes, a implicitement abrogé la disposition de l'art. 4 de l'ordonnance de 1818, en ne rappelant pas la nécessité de l'intervention du notaire. Le recours au ministère du notaire n'est donc plus nécessaire aujourd'hui pour la passation d'un bail de biens communaux. Cependant les conseils municipaux feront bien de prescrire ce recours aux maires, parce qu'ils auront entre les mains un titre qui pourra être revêtu de la formule exécutoire sans qu'il soit besoin de l'intervention des tribunaux.

L'amodiation est un des procédés les plus simples et les moins onéreux pour livrer à la culture les biens improductifs des communes. Il a pour but de remplacer l'indifférence de tous par l'intérêt particulier, et pour résultat de donner satisfaction à un double intérêt : 1° à l'intérêt de l'État, puisqu'en développant la production générale et en augmentant la valeur des propriétés, il augmente et développe en même temps la matière imposable; 2° à l'intérêt de la commune, puisqu'il lui procure des ressources sans l'obliger à recourir aux emprunts ou à la vente de ses propriétés.

Pour ce qui est maintenant de l'intérêt des habitants, il semble qu'il est quelque peu négligé; mais il faut bien remarquer : 1° que si les habitants ne perçoivent plus les revenus de ces biens, revenus que nous avons estimés à deux francs ou deux francs cinquante centimes l'hectare, ils n'ont pas à supporter les dépenses qui sont comblées au moyen du prix de ferme. Il faut bien remarquer : 2° que si plus tard la commune ne renouvelle pas ses baux, les habitants, au lieu d'avoir des landes incultes, auront des propriétés en plein rapport.

L'État, les communes, les habitants trouvent donc tous leurs intérêts dans l'amodiation des biens communaux.

Il est cependant un autre moyen de mettre en culture les biens communaux qui est beaucoup moins avantageux à la commune, mais qui semble sourire davantage aux habitants des campagnes : nous voulons parler de l'allotissement.

SECTION III.

DE L'ALLOTISSEMENT.

Qu'entend-on par allotissement ?

L'allotissement est, comme l'amodiation, la mise en ferme des biens communaux ; seulement le prix d'adjudication au lieu d'être fixé par les enchères est déterminé par le conseil municipal, et les adjudicataires sont tous les habitants qui ont un droit de jouissance.

L'allotissement tient du partage et du louage ; ce n'est le plus souvent qu'une transaction imaginée par des conseils municipaux intelligents, entre l'esprit de progrès qui les pousse et les habitudes routinières des gens de la campagne qui les retiennent. En effet, il arrive souvent que tous les membres d'un conseil municipal sont entièrement convaincus des avantages que présente la mise en culture de leurs biens commu-

naux ; mais ils n'osent pas rompre avec les ancienne
habitudes de jouissance en commun, soit parce qu'ils
ont peur de s'attirer des inimitiés, soit par ce que le
courage leur manque pour prendre l'initiative de mesures radicales. Alors l'expédient de l'allotissement se
présente à leur esprit; on fait autant de lots égaux
qu'il y a d'ayants droit aux jouissances communes ;
on fixe le prix du fermage de chaque lot; et enfin
on tire au sort, et chaque adjudicataire, c'est-à-dire
tous les chefs de famille de la commune, jouissent
de tous les droits d'un fermier, moyennant le
payement à la commune de la redevance annuelle déterminée par le conseil municipal.

On fait généralement remonter l'origine de l'allotissement à deux édits de 1762 et 1774, spéciaux, l'un aux
Trois-Évêchés, et l'autre à la Bourgogne. Ces édits
autorisent, en effet, les habitants chefs de ménage de
ces deux provinces à se partager la jouissance de
leurs biens communaux. Des lettres patentes du
27 mars 1777 spéciales à la Flandre française, et du
13 novembre 1779 édictées pour l'Artois contiennent
des prescriptions semblables. Voici comment s'expri-
ment ces dernières, dans leur art. 1er : « Toutes les
terres, prés, marais, landes ou friches appartenant
aux communautés de notre province d'Artois, seront
partagés par portions égales en valeur entre tous les
chefs de famille de chaque lieu, mariés ou célibataires;
sous laquelle dénomination de chef de famille, le curé

de la paroisse sera compris, *pour en jouir en usufruit seulement aussi longtemps qu'ils seront domiciliés dans ledit lieu..... »*

Si on analyse avec soin tous ces édits et toutes ces lettres patentes, on y découvre toujours trois choses : 1° Les habitants chefs de ménage sont autorisés à se partager la jouissance de leurs biens communaux ; 2° ces partages de jouissance sont faits pour un temps indéfini ; 3° les habitants auxquels la jouissance héréditaire des biens communaux est attribuée ne sont assujettis à aucune redevance envers la communauté.

L'allotissement dont nous parlons n'a pas ces trois caractères. Ainsi, 1° il est toujours fait pour un temps déterminé, 3, 6, 9, 12, 15 ou 18 années. A l'expiration de ce délai, s'il n'y a pas un nouveau partage de jouissance, la compascuité commune recommence, comme avant l'allotissement ; 2° chaque chef de famille qui désire avoir la jouissance d'un lot, doit verser tous les ans le prix de sa ferme dans la caisse communale.

Ce mode de partager la jouissance des biens communaux est surtout en usage dans le centre de la France, Puy-de-Dôme, Allier, Creuse, Indre et aussi dans l'Est, Meurthe, Moselle, Haut et Bas-Rhin, etc. Mais il faut ajouter qu'il est vu avec beaucoup de défaveur par le conseil d'État et par l'administration supérieure pour deux motifs : 1° parce que le chef de famille pourvu d'un lot par la voie de l'allotissement est le plus souvent dénué de capitaux et d'aptitude agricole ; 2° parce que la redevance fixée par le conseil municipal, étant ordinairement très-faible, la commune n'y trouve qu'une ressource insuffisante pour faire face à ses dépenses, tandis qu'elle aurait pu tirer de ses communaux un produit plus élevé en les amodiant.

Cependant, pas plus le conseil d'État que l'administration supérieure ne vont jusqu'à s'opposer à la mise en culture des biens communaux par la voie de l'allotissement, telle que nous l'avons indiquée : ils s'opposent seulement au partage de la jouissance à vie ou pour un temps indéfini, « parce que cette manière de disposer des biens communaux n'est pas comprise dans les énonciations des lois sur la matière (1). »

Quelles formalités doit remplir un conseil municipal qui veut allotir ses biens communaux ?

1° Il faut faire la liste de ceux qui auront droit à un lot. Le maire dresse cette liste, et le conseil municipal l'arrête. Tous ceux qui ont un domicile réel et fixe d'un an dans la commune doivent y être inscrits ;

2° Les terrains qui sont à partager doivent être divisés en autant de lots qu'il y a d'ayants droit, et le conseil municipal fait ses observations sur cette opération ;

3° Le tirage des lots au sort a lieu.

4° Le conseil municipal prend une délibération à l'effet d'approuver tout ce qui a été fait ;

(1) Avis du 21 février 1838, commune de Balgau.

5° Enfin cette délibération doit être livrée à la publicité par la voie des annonces, et puis transmise au préfet.

On soutient généralement que pour être exécutoire, cette délibération doit être *approuvée* par le préfet. On s'appuie sur le § 40 du tableau A annexé au décret *sur la décentralisation administrative* du 25 mars 1852 qui est ainsi conçu : « Ils (les préfets) statueront désormais sur toutes les autres affaires départementales et communales..... dont la nomenclature est fixée par le tableau A ci-annexé. Tableau A § 40. Mode de jouissance en nature des biens communaux quelle que soit la nature de l'acte primitif qui ait approuvé le mode actuel. » On s'appuie également sur le § 3 de l'art. 19 de la loi du 18 juillet 1837, qui dit que le conseil municipal *délibère* sur « les acquisitions, aliénations et échanges des propriétés communales, leur affectation aux différents services publics et en général sur tout ce qui intéresse leur conservation et leur amélioration. »

SECTION IV.

MISE EN CULTURE DES BIENS COMMUNAUX,

d'après la loi du 28 juillet 1860.

L'amodiation et l'allotissement sont certainement deux moyens excellents pour arracher les biens communaux à leur éternelle stérilité. Outre qu'ils procurent aux communes des ressources dont elles manquent le plus souvent, ils augmentent encore le travail dans les campagnes, font hausser les salaires et retiennent dans leurs foyers une foule d'individus qui étaient obligés d'émigrer pour vivre. Mais nous avons vu que l'initiative des mesures à prendre, en ce qui touche le mode d'administration du domaine communal, appartient exclusivement aux conseils municipaux; or, il est toujours très-difficile de les déterminer à prendre un parti. L'Administration supérieure est donc complétement impuissante en face de cette force d'inertie. Elle ne peut donner que des conseils, et les communes sont libres de ne pas l'écouter.

Cet état de choses qui a sa gravité, puisque, si on n'y portait pas remède, près de trois millions d'hectares de terrains communaux resteraient en friche, a attiré l'attention de tous les gouvernements qui se sont succédé dans notre pays.

Dès 1836, le Ministre de l'Intérieur avait consulté les conseils généraux sur les modifications à faire à la législation des biens communaux, et il avait annoncé pendant le cours de la session législative qu'un projet de loi se préparait à cet effet. Les conseils généraux avaient répondu à l'appel du ministre; leurs avis avaient été recueillis avec soin; une commission avait même été nommée pour faire son rapport. En 1848, cette commission avait dépouillé la masse énorme de renseignements accumulés au ministère de l'Intérieur, et le Gouvernement avait présenté le 16 février de cette année un projet de loi qui autorisait l'administration supérieure à ordonner d'office l'amodiation des biens communaux, quand les conseils municipaux, invités à prendre un parti, s'y seraient refusés. Mais la révolution qui éclata quelques jours après remit ce projet dans les cartons.

La Constituante et la Législative eurent aussi à s'occuper de la mise en culture des biens communaux.

A la Constituante, plusieurs projets assez radicaux furent présentés. On proposa même le partage de jouissance indéfini. Mais le comité d'administration départementale et communale s'y opposa d'une manière absolue par l'organe de M. Tendret, qui proposa à son tour de mettre les conseils municipaux en demeure de livrer à la culture leurs biens communaux, et en cas de refus, de donner aux préfets le droit de les y contraindre, après avoir pris l'avis du conseil général. Ces deux projets n'eurent aucune suite, ni l'un, ni l'autre.

A l'assemblée législative, deux représentants, l'un de l'Allier, M. Fargin-Fayolle, et l'autre de la Creuse, M. Guisard, demandèrent le partage de la propriété des biens communaux avec faculté pour les communes qui ne voudraient pas du partage, de choisir l'amodiation. D'autres projets furent également présentés ; un d'entre eux, celui de M. Dufournel, fut même soumis à un commencement de discussion, mais l'assemblée le renvoya à la commission et elle fut dissoute avant d'avoir pu le discuter de nouveau.

La question en était là ; les conseils municipaux avaient conservé l'initiative de toutes les mesures à prendre en ce qui concernait la mise en culture des terres communales ; l'administration supérieure ne pouvait que donner des avis qui n'étaient pas suivis et gémir sur ce fâcheux état de choses, quand le gouvernement actuel hasarda un premier essai dans les départements des Landes et de la Gironde. La loi du 19 juin 1857 décida 1° que les terrains communaux de ces deux départements seraient assainis, drainés et ensemencés aux frais des communes ; 2° que, dans le cas où les communes ne voudraient pas ou ne pourraient pas opérer elles-mêmes cette mise en culture, l'État aurait le droit de la faire opérer, quitte à lui à se rembourser plus tard sur le produit des biens exploités.

Cette loi produisit les meilleurs résultats ; les conseils municipaux, loin d'entraver les vues de l'administration supérieure, lui prêtèrent le concours le plus utile et le plus empressé, de sorte qu'aujourd'hui, à la place de ces immenses plaines incultes qui avaient fait appeler l'un des départements, objets de la mesure, le département des Landes, on voit une végétation luxuriante et de splendides récoltes.

Enhardi par ce succès, le gouvernement proposa et fit voter dans la session de 1860 une loi qui étendit à toute la France les mesures prises spécialement pour les deux départements de la Gironde et des Landes.

Voici le texte de cette loi, qui n'a pas encore produit le résultat qu'on en attendait, mais qui, cependant, est un progrès dans notre législation communale :

« *Art.* 1er. Seront desséchés, assainis, rendus propres à la culture ou plantés en bois les marais et les terres incultes appartenant aux communes, ou sections de commune, dont la mise en valeur aura été reconnue utile.

« *Art.* 2. Lorsque le préfet estime qu'il y a lieu d'appliquer aux marais ou terres incultes d'une commune les dispositions de l'art. 1er, il invite le conseil municipal à délibérer :

1° Sur la partie des biens à laisser à l'éta' de jouissance commune ;

2° Sur le mode de mise en valeur du surplus ;

3° Sur la question de savoir si la commune entend pourvoir par elle-même à cette mise en valeur.

S'il s'agit dè biens appartenant à une section de commune, une commission syndicale nommée conformément à l'art. 3 de la loi du 18 juillet 1837 est préalablement consultée.

« *Art.* 3. En cas de refus ou d'abstention par le conseil municipal, comme en cas d'inexécution de la délibération par lui prise, un décret impérial rendu en conseil d'État, après avis du conseil général, dé-

clare l'utilité des travaux et en règle le mode d'exécution. Ce décret est précédé d'une enquête et d'une délibération du conseil municipal prise avec l'adjonction
des plus imposés.

« *Art.* 4. Les travaux sont exécutés aux frais de la
commune ou des sections propriétaires.

Si les sommes nécessaires à ces dépenses ne sont
pas fournies par les communes, elles sont avancées par
l'État, qui se rembourse de ses avances, en principal
et intérêts, au moyen de la vente publique d'une
partie des terrains améliorés, opérée par lots, s'il y a
lieu.

« *Art.* 5. Les communes peuvent s'exonérer de toute
répétition de la part de l'État, en faisant l'abandon de
la moitié des terrains mis en valeur.

Cet abandon est fait, sous peine de déchéance, dans
l'année qui suit l'achèvement des travaux.

Dans le cas d'abandon, l'État vend les terrains à
lui délaissés, dans la forme déterminée par l'article
précédent.

« *Art.* 6...

« *Art.* 7. Dans les cas prévus par l'art. 3 ci-dessus,
le décret peut ordonner que les marais ou autres terrains communaux soient affermés.

La durée du bail ne peut excéder 27 ans. »

Les deux articles suivants, qui sont les derniers, ont
peu d'importance.

Cette loi peut donc se résumer ainsi : quand le préfet aura reconnu l'utilité de la mise en valeur d'un bien communal, il invitera le conseil municipal à agir. Si le conseil municipal fait la sourde oreille ou refuse ouvertement d'agir, le préfet en référera au Ministre, et un décret impérial rendu en conseil d'État déclarera l'utilité des travaux, et règlera leur mode d'exécution. Les travaux seront alors exécutés et l'État avancera les fonds nécessaires.

Maintenant, les travaux sont accomplis, les biens qui étaient incultes sont en plein rapport; mais des dépenses considérables ont été faites; l'État en a fait l'avance, comment sera-t-il remboursé?

Le législateur de 1860 a trouvé un moyen très-ingénieux pour concilier tous les intérêts. L'État, dit-il, aux communes, vous a avancé les sommes nécessaires pour livrer à la culture vos terres vaines et vagues; il s'agit maintenant de le rembourser. Mais comme il sait que vous n'avez pas de ressources, il vous donne à choisir entre ces trois moyens : 1° ou bien de rembourser en argent ce qui a été avancé; 2° ou bien de vendre une quantité suffisante de terrains pour parfaire les sommes dépensées; 3° ou bien enfin d'abandonner la moitié des terrains mis en valeur.

Ces alternatives laissées aux communes sont tout à leur avantage. Si, en effet, celles-ci trouvent que les sommes dépensées pour l'exécution des travaux dépassent la moitié de la valeur des terrains mis en culture, alors elles abandonneront cette moitié. Si, au contraire, la moitié des biens assainis a une valeur plus élevée que le montant des dépenses, alors elles payeront à l'État ce qu'il a déboursé. Les communes n'ont qu'un an pour opter entre ces différents partis.

Dans quels cas les préfets ont-ils le droit de mettre les communes en demeure, ou de défricher leurs terres incultes, ou de se soumettre à l'ingérance de l'État conformément à l'art. 1er de notre loi?

Les deux Ministres de l'Intérieur et de l'Agriculture, du commerce et des travaux publics ont reconnu (1) que les préfets ne pouvaient se prévaloir des dispositions de la loi du 28 juillet 1860, que dans le cas où l'opération, pour rendre les terrains propres à la culture, exigerait des travaux spéciaux, tels que des routes, des clôtures, des fossés d'écoulement, des drainages, etc. Par conséquent les terres incultes d'une commune qui ne réclameraient pour leur mise en culture que des travaux ordinaires ne tombent pas sous l'application de la loi de 1860, et ne peuvent pas être amodiées contrairement aux vœux des conseils municipaux.

Il ne faut pourtant pas aller trop loin dans cette voie : ainsi, il n'est pas nécessaire qu'un terrain soit marécageux, malsain ou absolument improductif pour tomber sous l'application de l'art. 1er; il suffit qu'il soit susceptible d'acquérir par des travaux d'amélio-

(1) Bulletin officiel du ministère de l'intérieur, 1863, n° 17.

ration, fussent-ils de l'ordre le plus simple, une plus-value considérable; mais il faut nécessairement que cette plus-value dépende de l'exécution des travaux.

Ajoutons maintenant que la loi du 28 juillet 1860 n'a pas abrogé les dispositions particulières au desséchement des marais. Ainsi, le conseil d'État a jugé que la loi du 16 septembre 1807 était encore en vigueur, et que par conséquent l'Administration avait, aujourd'hui comme avant 1860, le droit d'opérer le desséchement des marais par voie de concession à des entrepreneurs, et de proroger le délai pendant lequel le concessionnaire devait exécuter les travaux.

Enfin, n'oublions pas que la loi de 1860 n'a pas voulu supprimer d'une manière absolue la jouissance en commun, attendu que l'art. 2 invite les conseils municipaux à délibérer « sur la partie des biens à laisser à l'état de jouissance commune. » Une mesure aussi radicale eût été funeste dans certaines localités : c'est au moins ce que pensait M. du Miral, le rapporteur de la commission au Corps législatif.

« Il existe, disait-il, dans la condition des terrains communaux, non-seulement dans nos diverses provinces, mais même dans chaque commune, des différences infinies; on ne saurait les soumettre à un mode uniforme de transformation.

« La suppression des pâturages sera loin d'être constamment possible; il est des contrées où elle serait désastreuse, d'autres où elle est impraticable; elle ne sera pas d'ailleurs toujours nécessaire pour réaliser des améliorations sensibles; il est des cas nombreux dans lesquels leur conversation s'y prêtera. Ce régime est, en effet, susceptible, dans beaucoup de lieux, d'innovations avantageuses : l'institution des pâtres communs, la limitation des têtes de bétail, l'établissement des taxes de pâturage.

« On pourra souvent, à l'aide de ces taxes, mettre et entretenir à peu de frais, en bon état, ces pâturages, y assurer le libre écoulement et la bonne distribution des eaux.

« Ainsi réglée, la pâture commune, là où le sol n'est pas susceptible d'être livré à une culture profitable, n'aura que des avantages. »

Concluons de cette étude sur la loi du 28 juillet 1861, que s'il a été beaucoup fait pour les biens communaux, il reste encore beaucoup à faire, puisque d'après les dernières statistiques 40 à 50,000 hectares seulement de terres incultes ont été arrachés à leur stérilité séculaire. Ne nous en étonnons pas, car les biens communaux ne seront des réellement productifs que le jour où ils seront des propriétés particulières.

CHAPITRE VIII

ALIÉNATION DES BIENS COMMUNAUX.

« De tous temps, disait M. Monnier, le rapporteur
à la chambre des pairs de la loi du 18 juillet 1837,
la conservation des biens communaux a fait l'objet de
la sollicitude du législateur et des règles particulières,
les formes les plus solennelles ont été établies pour
garantir ce précieux patrimoine public... Avant 1789,
aucune aliénation ni aucune acquisition de biens communaux ne pouvaient avoir lieu sans l'autorisation
expresse et formelle du prince. »

Si on remonte à la cause première de cette prohibition, on la trouvera dans la destination même des
propriétés communales. Autrefois, quand les seigneurs
concédaient à ceux qui venaient s'établir autour de
leurs châteaux une certaine étendue de terrain, leur
but était surtout d'attirer des travailleurs pour mettre
en culture leurs immenses domaines improductifs.
« C'est donc l'intérêt des habitants, dit M. Aucoc, qui
a fait constituer les biens communaux, et si la pro-

priété a été attribuée non aux habitants individuellement, mais à la collection des habitants présents et
futurs, ç'a été pour maintenir la population dans un
même lieu, en assurant aux habitants qui s'y succède-
raient la perpétuité des avantages qu'on pouvait en
retirer (1). »

Le législateur moderne, tout en se montrant très-
jaloux de la conservation des propriétés communales,
s'est cependant relâché de son ancienne rigueur. Aujourd'hui les communes peuvent vendre, échanger et
même donner leurs biens communaux.

1° *Vente des biens communaux.* — L'inaliénabilité
qui, dans l'ancien droit, frappait les biens communaux (2) avait d'abord pour motif, l'intérêt des générations futures; c'est ce qui a fait dire à presque tous les
auteurs qui ont traité cette matière, que le domaine communal était grevé d'une sorte de substitution indé-
finie; mais elle avait aussi pour motif d'empêcher les
personnes puissantes de s'emparer des propriétés
communales moyennant des prix dérisoires. La déclaration du roi du 22 juin 1659, qui, en autorisant les
communautés d'habitants de la Champagne à rentrer
en possession (3) des biens dont elles avaient été dé-

---

(1) M. Aucoc. *Des sections de commune,* p. 429.

(2) L'édit d'avril 1667 interdit « toute aliénation, sous quelque
cause et prétexte que ce puisse être, et nonobstant les permissions qui
pourraient avoir été obtenues à cet effet. »

(3) Cette déclaration constate « que la plupart des communautés e
villages d'icelle ont été portés à *vendre et aliéner* à des personnes

pouillées sous forme de vente, confirme cette manière de voir. Il faut avouer que toutes ces mesures qui nous paraissent aujourd'hui si bizarres, avaient bien leur raison d'être à une époque où le droit devait souvent s'incliner devant la force.

La loi du 10 août 1791 (art. 2) permit aux communes de vendre leurs biens pour l'acquittement de leurs dettes. Plus tard, les décrets des 10 juin et 24 août 1793 permirent également l'aliénation des biens communaux, après l'accomplissement de certaines formalités : mais il faut croire que ces formalités ne parurent pas des garanties suffisantes, puisque les lois du 2 prairial an V et 9 ventôse an XII, défendirent toute aliénation de biens communaux sans une loi.

Ces dispositions essentiellement centralisatrices furent, pendant toute la durée du gouvernement impérial, équivalentes à une prohibition complète d'aliéner; attendu que, pendant tout ce temps-là, le Corps législatif était rarement convoqué. Aussi s'habitua-t-on à remplacer la loi qui devait approuver l'aliénation d'un bien communal par un simple décret sous l'Empire, et par une ordonnance royale sous la Monarchie et sous le Gouvernement de juillet.

La loi du 18 juillet 1837 n'exige pas de loi; elle se contente simplement de l'approbation du préfet si la

puissantes, comme seigneurs des lieux, juges et magistrats ou principaux habitants, leurs biens, usages, bois et communaux et les on *vendus sans causes légitimes et à des sommes très-modiques.* »

valeur de l'immeuble à vendre est de 3,000 francs et au-dessous, et de l'approbation du roi si cette valeur excède 3,000 francs.

Voici le texte de l'art. 46 de cette loi :

« Les délibérations des conseils municipaux ayant pour objet des acquisitions, des ventes ou échanges d'immeubles, le partage des biens indivis, sont exécutoires sur arrêté du préfet en conseil de préfecture, quand il s'agit d'une valeur n'excédant pas 3,000 fr. pour les communes dont le revenu est au-dessous de 100,000 francs et de 20,000 francs pour les autres communes.

S'il s'agit d'une valeur supérieure, il est statué par ordonnance du roi.

La vente des biens mobiliers et immobiliers des communes, autres que ceux qui servent à un usage public, pourra, sur la demande de tout créancier porteur de titres exécutoires, être autorisée par ordonnance du roi, qui déterminera les formes de la vente. »

Cet article a deux parties bien distinctes : dans la première partie, il indique à quelles conditions une vente de biens communaux est possible; dans la seconde, il consacre une innovation au profit des créanciers de la commune, porteurs de titres exécutoires, en leur permettant d'obtenir l'autorisation de faire vendre les biens communaux pour se faire payer.

Cette seconde partie ne passa pas sans difficultés : on ne pouvait pas comprendre que les communes étaient des débiteurs comme les simples particuliers, et que, quand elles avaient des dettes, elles devaient vendre leurs biens pour désintéresser leurs créanciers. Girod de l'Ain se chargea de rendre cette vérité palpable. « Vis-à-vis des tiers, dit-il, les communes, l'État lui-même est comme un simple particulier, à moins de conditions expresses que des intérêts supérieurs commandent. Lorsqu'une commune a des dettes et que son créancier a un titre exécutoire, il faut que ce créancier soit payé comme s'il s'adressait à un particulier. Quand la commune a des propriétés et que la vente de ces propriétés est le meilleur mode de payement, il faut que la commune vende ses propriétés. Mais, dit-on, elle peut employer d'autres moyens; elle peut avoir recours à des contributions extraordinaires et à un emprunt. Il y a des cas où ces moyens peuvent être bons, d'autres où la vente peut leur être préférable. Le gouvernement se gardera bien de l'autoriser, si elle est préjudiciable à la commune et aux intérêts généraux de l'État. Il faut à cet égard, comme sur beaucoup d'autres points, s'en rapporter à l'Administration du soin d'apprécier les circonstances et les véritables intérêts. »

Quelles sont les formes à suivre pour la vente des biens communaux?

Il est certains cas dans lesquels la vente d'un bien communal n'exige d'autres formalités qu'une simple constatation. Ainsi, lorsqu'il existe un plan d'alignement, les riverains qui veulent construire sont obligés de s'avancer sur le sol communal, et de prendre, moyennant un prix, une partie de la voie pour y établir leurs constructions. Dans ce cas, la concession de l'alignement à celui qui le demande emporte vente de la partie du terrain communal qu'il prend, sans qu'il soit nécessaire d'accomplir d'autres formalités (1).

Mais ces cas sont très-rares (2), et la loi a eu la précaution de les prévoir. Il va sans dire que, dans ces cas, l'art. 1596 du Cod. Nap., qui crée certaines incapacités d'acheter n'est pas applicable. Par conséquent, le maire peut très-bien réclamer son droit de préemption. Cela se comprend d'autant mieux qu'il n'y aura pas d'adjudication puisque le terrain en question ne sera pas mis aux enchères.

Les formalités à suivre pour la vente d'un bien communal sont réglées par l'arrêté du 7 germinal, an IX, et l'avis du conseil d'État du 3 septembre 1811 :

1° Le maire doit faire estimer les biens à vendre par deux experts;

(1) Loi du 16 septembre 1807, art. 51 et 53.

(2) Voici, d'après Dalloz, les cas dans lesquels les communes peuvent être autorisées à vendre de gré à gré : 1° Celui où l'usurpateur d'un bien communal en fait la déclaration conformément aux dispositions de l'ordonnance du 23 juin 1819. 2° Celui où l'objet n'a qu'une médiocre valeur, ou si l'aliénation présente un avantage évident pour la commune. 3° Lorsque la vente est faite à un établissement public. 4° Lorsqu'il s'agit de l'exécution d'alignements de voirie urbaine ou vicinale (Dalloz, v° *Communes*, n° 2440).

2° Un plan des lieux doit accompagner le procès-verbal d'expertise;

3° Une enquête de *commodo* et *incommodo* doit être ouverte, de manière à ce que toutes les réclamations puissent se produire;

4° Le conseil municipal, après avoir pris connaissance de toutes ces pièces, doit délibérer sur l'opportunité de la vente et sur les réclamations consignées dans l'enquête;

5° Le préfet doit approuver cette délibération et autoriser la vente.

Sous l'empire de la loi du 18 juillet 1837, le préfet ne pouvait autoriser la vente des biens communaux que dans les limites énoncées plus haut; mais depuis le décret du 25 mars 1852, tableau A, § 41, il a le droit d'autoriser la vente, quelle que soit la valeur des biens à vendre, à moins toutefois qu'il ne s'agisse des bois soumis au régime forestier. Dans ce cas, il cesse d'être compétent (avis du conseil d'État du 11 octobre 1852);

6° La vente doit se faire aux enchères en présence du maire assisté de deux conseillers municipaux et du receveur de la commune. Toutes les difficultés qui peuvent s'élever sur les opérations préparatoires de l'adjudication sont résolues, séance tenante, par le maire et les deux conseillers assistants, à la majorité des voix, sauf le recours de droit (loi du 18 juillet 1837, art. 16).

L'adjudication aux enchères publiques n'est pas une

nécessité; l'autorité supérieure peut en dispenser les communes; mais il est plus convenable de faire tous les actes intéressant les administrations publiques au grand jour, en y conviant le plus de monde possible.

On s'est demandé si le ministère des notaires était exigé pour la passation de l'acte de vente. Aucune disposition législative ne prescrit l'intervention d'un notaire; par conséquent les communes ne sont pas forcées d'y recourir si l'administration supérieure, en les autorisant à vendre, n'a pas subordonné son autorisation à la condition que l'acte serait passé devant notaire.

Les communes qui emploieront le ministère d'un notaire n'auront qu'un seul avantage : ce sera d'avoir un titre exécutoire sans recourir aux tribunaux. Et encore M. Duchâtel, alors ministre de l'intérieur, soutint, dans sa circulaire du 19 décembre 1840, qu'elles avaient un autre moyen d'avoir un titre exécutoire sans recourir ni aux tribunaux ni aux notaires.

« Cependant, dit-il, une règle nouvelle, introduite par la loi du 18 juillet 1837, peut suppléer, jusqu'à un certain point, au défaut de force exécutoire des actes de ventes consentis par les communes sans le concours d'un notaire. Je veux parler de l'art. 63 de cette loi ainsi conçu : « Toutes les recettes municipales pour lesquelles les lois et règlements n'ont pas prescrit un mode spécial de recouvrement s'effectuent sur des états dressés par le maire. Ces états sont exécutoires après qu'ils ont été visés par le sous-préfet. Les oppositions, lorsque la matière est de la compétence des tribunaux ordinaires, y sont jugées comme affaires sommaires, et la commune peut défendre, sans autorisation du conseil de préfecture. » En vertu de cette disposition, ajoute M. Duchâtel, si un adjudicataire refusait ou négligeait de payer, au terme fixé, le prix du bien communal, le maire pourrait obtenir un titre exécutoire sans recourir aux tribunaux, et le recouvrement forcé du prix s'effectuerait de la même manière que si la commune avait un acte notarié, sauf les oppositions que le débiteur aurait la faculté de former. »

On a discuté la question de savoir si, en [cas d'adjudication aux enchères d'un bien communal, la surenchère était possible. Des auteurs disaient que la tutelle administrative, qui protége les communes, les assimilait à des mineurs, et que par conséquent les règles du Code de procédure sur les biens des mineurs étaient applicables. Mais l'opinion a prévalu que les garanties accordées aux communes par la loi, constituent un droit exceptionnel dont il faut limiter l'étendue aux cas expressément prévus. Si la loi n'a rien dit sur la nécessité de la surenchère, c'est qu'elle l'exclut. Et puis enfin, si on voulait bien examiner ce qu'on appelle la minorité des communes, on trouverait qu'il existe entre elle et la minorité ordinaire des différences considérables, qui ne permettent pas de les confondre dans une seule et même chose.

2° *Échange des biens communaux.* — Il peut quelquefois y avoir un grand intérêt pour une commune à échanger un terrain communal contre un autre terrain appartenant à un particulier. Ainsi, une commune qui se propose de rectifier un chemin vicinal, n'a pas de fonds en caisse pour acheter les terrains nécessaires ; mais il se trouve que le propriétaire des champs dans lequel on veut faire passer le nouveau chemin est le riverain de celui qu'on veut rectifier. Alors, quoi de plus rationnel que de faire un échange, si le propriétaire y consent ? L'ancien chemin appartiendra au propriétaire, qui en échange cèdera le terrain nécessaire pour faire le nouveau. Dans ce cas, la commune n'a évidemment qu'à gagner ; mais il n'en est pas toujours ainsi. C'est pourquoi le ministre de l'intérieur envoyait, en 1837, une circulaire aux préfets dans laquelle on lit le passage suivant : « L'expérience a démontré que les échanges sont, en général, peu avantageux aux communes, et ne profitent le plus souvent qu'à l'intérêt privé, d'où ils tirent leur principe. Ces sortes de contrats ne peuvent donc être autorisés qu'autant qu'ils auraient un but réel d'utilité publique, et que l'avantage ou la nécessité en serait incontestable. Dans les cas ordinaires, les communes doivent vendre. »

L'administration supérieure, qui doit approuver la

délibération du conseil municipal relative à l'échange, devra donc prendre les précautions nécessaires pour empêcher toute lésion au préjudice des communes.

Les formalités à remplir pour l'échange des biens communaux sont absolument les mêmes que pour la vente de ces mêmes biens, sauf deux différences : 1° l'opération des experts, dans le cas d'échange, devra porter non-seulement sur les biens communaux, mais aussi sur les biens donnés en échange à la commune, afin que les différentes autorités chargées d'examiner l'affaire, puissent prendre une décision en connaissance de cause ; 2° il n'y aura pas d'adjudication publique.

3° *Aliénation des biens communaux à titre gratuit.* Il est incontestable que les communes ont le droit de disposer à titre gratuit. Nous voyons en effet tous les jours les administrations municipales décerner des récompenses aux hommes qui se sont signalés par leur dévoûment ou par les services qu'ils ont rendus. Mais il faut remarquer que ces récompenses sont le plus souvent des pensions, des médailles, en un mot des objets mobiliers. Dans ces différents cas, les formalités à remplir sont des plus simples ; les pensions et les médailles accordées sont simplement inscrites dans le budget, au chapitre des dépenses facultatives ; et l'autorité compétente en approuvant le budget approuve également la donation faite par la commune.

Les formalités sont beaucoup plus compliquées

quand les communes veulent disposer, à titre gratuit, de leurs immeubles communaux ; ce sont les mêmes que celles exigées pour la vente.

Les communes n'usent pas souvent de la faculté qu'elle ont d'aliéner à titre gratuit leurs biens communaux. Elles le firent cependant sur une assez large échelle au commencement des guerres de la Révolution. Alors les étrangers avaient fait irruption en France, et les cadres de l'armée étaient tout à fait désorganisés, par suite de l'émigration des officiers. Le gouvernement fit appel à toutes les forces du pays, et il y eut une foule d'engagements volontaires.

Les communes voulurent avoir leur part dans ces sacrifices à la patrie ; pour récompenser les volontaires de leur dévoûment, elles leur firent donation d'une partie de leurs biens communaux. Les formes légales ne furent même pas toujours observées, mais ces donations furent maintenues quand même, parce que, dit le conseil d'État, dans un décret du 10 mai 1813, « ces dits volontaires avaient rempli leurs obligations envers l'État et la commune en s'offrant librement les premiers pour remplir les devoirs de tous. »

Aujourd'hui les communes aliènent encore, à titre gratuit, certains biens communaux, pour attirer dans leur sein des industries qui peuvent leur procurer de grands avantages. Dans ces cas, elles concèdent à l'industrie dont il s'agit, soit des bâtiments, soit des emplacements nécessaires pour établir ses ateliers.

Il arrive aussi fréquemment que les communes, dans le but d'encourager l'instruction ou des œuvres de bienfaisance, accordent à des sociétés laïques ou religieuses la jouissance de certains bâtiments et même de certains biens. Mais alors, ni la propriété, ni la jouissance ne sont aliénées : les communes restent toujours maîtresses de reprendre moyennant une juste indemnité ce qu'elles ont donné.

CHAPITRE IX

DU PARTAGE DES BIENS COMMUNAUX.

La propriété collective et indivise est la forme d'appropriation que l'on retrouve toujours quand on remonte aux premiers âges de l'humanité (1). Les hommes alors sont groupés en clans ou en tribus : les différents membres de la tribu possèdent au nom de l'être moral ; ils ne sont ni possesseurs, ni propriétaires réguliers, le véritable propriétaire, le véritable possesseur, c'est la tribu. A mesure que les civilisations font des progrès, cette espèce de communisme tend à disparaître, parce que l'homme est ainsi fait qu'il ne s'attache qu'à sa propriété, qu'il ne s'applique à soi-

---

(1) C'est ce que disait très-bien M. Rouher en réponse aux critiques adressées par M. Lanjuinais au sénatus consulte du 22 avril 1863 sur la propriété algérienne. — « Quel est le premier signe de la civilisation d'une société, disait-il, de son développement, de sa grandeur, si ce n'est le droit de propriété personnelle sérieusement constitué? Est-ce que la propriété collective n'est pas la forme des premiers âges, n'est pas contemporaine des situations mal définies, des organisations incomplètes des civilisations naissantes? » (*Moniteur* du 6 mars 1866.)

gner ou à améliorer que ce qui lui appartient individuellement.

Aujourd'hui, il reste encore des traces de ce communisme; les biens communaux actuels ressemblent sous tous les rapports aux propriétés des clans et des tribus. Ils appartiennent à l'être moral, la commune, et non aux habitants. Dès lors l'intérêt individuel n'étant pas stimulé, ils restent en friche au grand détriment de la production générale.

L'ancienne monarchie avait vu le mal et avait voulu y porter remède. Nous avons signalé les moyens qu'elle avait employés, quand nous nous sommes occupés de la jouissance des biens communaux. Nous avons vu, en effet, que dans plusieurs provinces, les habitants chefs de ménage avaient été autorisés à se partager leurs communaux, pour en jouir indéfiniment, eux et leurs descendants. Mais ces partages n'étaient ni déclaratifs ni attributifs de propriété; en d'autres termes, ce n'était pas la propriété, mais simplement la jouissance qui faisait l'objet du partage. Chaque chef de famille avait pour lui et ses descendants en ligne directe, la jouissance d'un lot. Si sa descendance venait à s'éteindre, son lot, au lieu de passer à ses héritiers collatéraux, devait faire retour à la commune, pour être ainsi transmis au plus ancien chef de ménage non pourvu. — Malgré toutes les complications que soulevaient inévitablement ces sortes de contrats, ils furent généralement approuvés

et produisirent des effets inattendus. Chabrol, dans
son *Commentaire de la coutume d'Auvergne*, faisait un
pas de plus ; il émettait le vœu qu'on changeât la nature des biens communaux : de propriété collective
qu'ils étaient, il voulait en faire une propriété particulière.

. « Si l'on jette les yeux sur les communaux, dit-il,
on n'aperçoit de toute part que des friches couvertes
de fougère où il croît avec peine quelques plantes épui-
sées et de mauvaise qualité ; ou ce sont des lieux inon-
dés, dépôt et receptacle des eaux des environs qui
n'ont aucun écoulement ; on y introduit quelques bestiaux et, bientôt après, ces pâturages n'ont plus d'utilité présente... En un mot, c'est une vérité certaine
que ce qu'on appelle communal est un bien entièrement perdu pour l'État, presqu'inutile aux habitants à
qui il appartient, et souvent pernicieux pour eux
(a cause de la communication des maladies contagieuses dont les bestiaux peuvent être atteints).

« *Si les communaux étaient partagés et devenaient
des biens particuliers*, la valeur du sol et le produit
augmenteraient sans proportion par le secours de la
charrue et des engrais ; on verrait succéder des récoltes abondantes à un produit presque nul, etc. (1). »

Que l'on voit bien là, l'influence des économistes
du xviii° siècle, qui préconisaient la division de la pro-

_____

(1) Com. de la cout. d'Auvergne (T. III, p. 552).

priété pour arriver au développement des richesses agricoles et industrielles du pays!

Ces idées firent leur chemin et ne tardèrent pas à être appliquées. Trois édits du 28 octobre 1771, 9 mai 1773, et 26 octobre 1777, permirent dans les généralités d'Auch et de Pau le partage des biens communaux « pour les lots être possédés en propriété incommutable (1). »

On ne doit donc pas dire que la Révolution française fit une innovation quand elle décréta le partage de tous les biens communaux : elle ne fit que consacrer par une loi, qui s'appliqua à toute la France, une mesure que l'expérience avait fait trouver bonne et qui était patronnée par les plus grands esprits de l'époque. Tant il est vrai que les cataclysmes politiques si profonds qu'ils soient, n'improvisent rien! Il y a toujours dans le présent, a dit un grand homme d'État, beaucoup plus de passé qu'on ne le suppose généralement.

L'assemblée législative par son décret du 14 août 1792 décida que : « 1° dès cette année même, immédiatement après les récoltes, tous les terrains et usages communaux, autres que les bois, seraient partagés entre les citoyens de chaque commune; 2° que ces citoyens jouiraient en toute propriété de leurs portions respectives. »

(1) D'autres édits autorisèrent également des partages de communaux : dans la Flandre française (27 mars 1777), dans l'Alsace (avril 1771), dans la Bourgogne, le Mâconnais, l'Auxerrois, le pays de Gex et de Bugey (janvier 1774), dans l'Artois (13 novembre 1780).

L'année suivante, la Convention vint régler et mettre en vigueur le décret du 14 août 1792, par sa loi du 10 juin 1793.

Ces deux lois ont été diversement appréciées. Les uns ont vu dans leurs dispositions une tendance à placer les Français sous le régime de la loi agraire; d'autres y ont vu la spoliation des générations futures; Curasson, de son côté, constate qu'elles eurent d'heureux effets en remplaçant d'immenses landes incultes par des champs très-fertiles.

Il est évident que ces différentes appréciations ortent l'empreinte d'une très-grande exagération.

D'une part, il est incontestable qu'en enlevant aux communes leurs immenses propriétés, ces lois causèrent une préjudice aux générations futures, mais il faut bien faire attention que les communes n'étaient pas forcées de procéder au partage : l'art. 1er de la section III de la loi du 10 juin 1793 est ainsi conçu : *Le partage des biens communaux sera facultatif.*

D'autre part, si tous les habitants d'une commune sont riches, on ne peut pas dire que la commune elle-même soit pauvre, car elle pourra toujours recourir à leur bourse. Si au contraire, la commune a de vastes terrains qui ne lui rapportent rien, et que ses habitants soient pauvres on ne peut pas dire qu'elle soit riche, puisque ses terres n'ont aucune valeur et ses habitants aucune ressource. Or, la Législative et la Convention étaient persuadées qu'en partageant les biens improductifs des communes entre tous les habitants, elles les rendaient à la culture et du même coup, enrichissaient et les communes et les habitants.

Une autre considération, il est vrai, guidait ces deux assemblées : la Constituante, avait proclamé les grands principes de liberté et d'égalité, qui sont aujourd'hui la base de nos institutions ; leur but, à elles, ce fut d'attacher à ces principes le plus d'adhérents possible. Pour cela, elles multiplièrent le nombre des propriétaires et développèrent les travaux agricoles, pensant que celui-là seul est indépendant et libre qui est propriétaire incommutable. Qu'importe au surplus l'intention du législateur, pourvu que sa loi réponde à un besoin de l'époque.

Le décret du 10 juin 1793 se divise en cinq sections : la première comprend la définition des mots *biens communaux* et *commune;* et comme on l'a fait remarquer, si l'art. 1ᵉʳ reconnaît aux habitants la copropriété indivise des communaux, c'est qu'on voulait en venir au partage. Cette section indique quels sont les biens qui doivent être rangés au nombre des communaux. Elle dit que ces biens pourront être partagés, s'ils sont susceptibles de l'être et si les communes justifient qu'elles ont pourvu à l'acquittement de leurs dettes ; puis elle fait exception pour de certains biens, tels que les bois, à moins qu'ils ne soient pas d'un produit suffisant pour rester en cette nature, et pour les ter-

rains renfermant des mines, carrières, etc. (art. 3
et 4).

La section deuxième, indique les conditions nécessaires pour avoir le droit de participer au partage, en
disant, article 1er, que le partage sera fait par tête
d'habitants domiciliés, de tout âge, de tout sexe, ab-
sents ou présents; et dans les art. 3, 5 et 6, la loi définit
ce qu'elle entend par habitant et domicilié. Elle excepte
des partages, les ci-devant seigneurs qui ont usé du
droit de triage; puis elle défend dans les art. 13 et 16,
l'aliénation de la part advenue à chacun pendant dix
ans, déclarant la vente qui pourrait en être faite nulle
et non avenue. Enfin elle décide que cette part ne
pourra pas être saisie, à moins qu'il ne s'agisse du
payement des contributions publiques.

La section troisième renferme la détermination du
mode et des formes du partage. Elle dispose que le
partage est seulement facultatif et qu'il doit être demandé par le tiers des voix de l'assemblée des habitants appelés à prononcer sur cette question.

Dans la section quatrième, la loi s'occupe du partage des biens possédés par plusieurs communes concurremment.

Enfin, la section cinquième, traite de la compétence
en cas de contestations, en décidant que celles qui
s'élèveront sur le mode de partage des communaux,
seront terminées sur simple mémoire, par le directoire
du département, et que celles qui s'élèveront entre les

communes et les particuliers à raison de la propriété ou de la jouissance seront jugées par la voie de l'arbitrage (art. 3).

Telle est l'économie de la loi du 10 juin 1793 ; ce qui en fait un monument unique en son genre, c'est qu'en cas de partage, elle n'imposait aucune redevance aux habitants qui devenaient propriétaires des biens communaux au lieu et place de la commune ; la commune était exproprié au profit de ses habitants et aucune indemnité ne lui était allouée.

Comme toutes les innovations qui rompent brusquement avec un passé défiant et routinier, les lois de 1792 et 1793 sur le partage des biens communaux rencontrèrent une foule d'oppositions et causèrent de très-grands désordres.

Dès l'an III, un député du département de la Creuse, Baraillon, les dénonçait à la Convention, comme injustes, destructives de l'agriculture et produisant un effet opposé au but qu'on s'était proposé. D'autres attaques, qui se produisirent plus tard, décidèrent le Directoire à surseoir à toutes actions et poursuites résultant de ces lois, tout en maintenant dans leurs jouissances les possesseurs actuels. Ce décret de sursis est du 21 prairial an IV : on lit dans ses considérants que « l'examen de toutes les difficultés qu'avait soulevées cette loi (du 10 juin 1793) et des mesures qui devaient être prises pour concilier le respect dû aux propriétés privées avec l'intérêt public, celui résultant d'un|plus grand nombre de défrichements et de l'amélioration de l'agriculture, exigeait une discussion longue et tous les détails des formes constitutionnelles ; que cependant il était instant d'arrêter les funestes effets de l'exécution littérale de cette loi dont plusieurs inconvénients majeurs s'étaient fait sentir. »

Après la loi de prairial an IV, le Directoire s'occupa encore de la question du partage des biens communaux. Certains membres du conseils des Cinq-Cents, demandèrent l'abrogation de la loi du 10 juin 1793 aussi bien pour le passé que pour l'avenir ; d'autres voulaient bien maintenir les principes du partage facultatif, mais en même temps ils trouvaient surannée, l'idée démocratique du partage par têtes d'habitants, et ils proposaient le partage par feux ou par ménages. Après une discussion longue et approfondie, on nomma une commission qui fut chargée de rédiger un projet dans ce dernier sens, mais ce projet ne fut jamais présenté.

Pendant que les législateurs discutaient ainsi sur les principes qu'ils devaient adopter, les propriétés communales étaient en proie aux plus grands désordres, et de nombreuses usurpations se commettaient au profit de ceux qui étaient assez osés pour profiter de la situation.

Alors, le Gouvernement Consulaire, dans un but éminemment politique, voulut régulariser les faits accomplis. La loi du 9 ventôse an XII décida : 1° que ceux qui étaient devenus propriétaires en vertu de partages régulièrement effectués d'après la loi du 10 juin 1793, seraient maintenus définitivement ; 2° que ceux qui détenaient sans justifier d'aucun titre pourraient devenir propriétaires incommutables, à la condition de se soumettre à payer à la commune une redevance annuelle, rachetable en tous temps moyennant vingt fois la rente, et qui serait fixée, d'après l'estimation, à la moitié du produit annuel, dont le bien usurpé aurait été susceptible au moment de l'usurpation.

Cette loi décida, en outre, que le sursis prononcé par la loi de prairial au IV pour les actions ou poursuites relatives à des biens communaux, serait levé, et que les tiers seraient admis à intenter leurs actions.

Ces différents documents législatifs, émanés soit du Directoire, soit du Consulat ne tranchent pas la question de savoir si les partages gratuits, tels qu'ils avaient été réglés par la loi du 10 juin 1793, sont prohibés ou permis.

Il ne faut donc pas s'étonner si cette question est controversée.

Dans un premier système on dit : le décret du 10 juin 1793 avait autorisé le partage gratuit des biens communaux, entre tous les habitants de la commune, mais la loi de prairial an IV, pour arrêter les effets désastreux de cette mesure, en suspendit l'exécution. Il est vrai que la loi du 9 ventôse an XII vint modifier celle de prairial ; elle leva le sursis prononcé par cette loi dernière, mais seulement d'une manière restreinte, et en ce qui touche les actions que des tiers pourraient avoir à intenter sur les biens communaux. Par conséquent le partage entre les habitants est prohibé et la loi de 1793 est abrogée.

On ajoute à l'appui de cette opinion : En 1834, la chambre des députés avait proposé d'ajouter au projet de loi en discussion, projet, qui forme aujourd'hui la loi du 18 juillet 1837, un article ainsi conçu :

« Lorsque le conseil municipal aura jugé qu'il est de l'intérêt de la commune d'opérer le partage des fonds de toute nature, terres vaines, vagues et autres qui sont possédées en commun par les communes ou sections de commune, le préfet ordonnera une enquête. Le conseil municipal sera appelé à délibérer de nouveau sur l'enquête ; il exprimera son vœu sur le mode et les conditions du partage, et sa délibération ne pourra être mise en exécution que sur l'avis conforme des conseils de département, d'arrondissement, et après l'approbation par ordonnance royale délibérée en conseil d'État. »

Dans l'opinion de la chambre, la loi de 1793 devait donc être abrégée, puisqu'elle proposait une disposition législative pour la rétablir.

Enfin en 1848, M. Champvans demandait la *remise en vigueur* de la loi de 1793 en ce qui touche le partage par têtes : c'était donc également dans l'opinion de ce député, que la loi de 1793 avait cessé d'exister.

Dans un second sytème, ou soutient que le partage

facultatif existe encore, et que la loi de 1793 n'a pas été abrogée : 1° si, dit-on, la loi de prairial a ordonné qu'il serait sursis à l'exécution de celle de 1793, la loi du 9 ventôse an XII a levé ce sursis ; 2° si la Chambre des pairs ne voulut pas approuver l'addition à la loi de 1837 que lui faisait la Chambre des députés, ce fut parce « qu'il n'était pas convenable, disait M. Mounier, le rapporteur, de statuer immédiatement sur une pareille matière, et *d'introduire une disposition nouvelle au milieu des dispositions existantes, sans pouvoir les coordonner.* »

Quoi qu'il en soit de ces deux systèmes, la jurisprudence n'admet ni l'un, ni l'autre. Selon elle, la plupart des dispositions de la loi de 1793 ont été abrogées ; cependant, il en est plusieurs qui n'ont jamais cessé d'être en vigueur. Aussi, il a été jugé que pour avoir droit à un lot, il fallait être domicilié dans la commune, et que par conséquent, c'était le locataire habitant et non le propriétaire non habitant qui avait droit au lot.

Voici dans quelles circonstances est intervenu cette décision :

Une maison avait été louée par un sieur Campan à une demoiselle Houel. Le bailleur entre autres conditions avait mis celle-ci ; « Le bailleur se réserve formellement la propriété et la jouissance du droit de marais attribuée, soit à la maison, soit à la demoiselle Houel, comme chef de famille ou comme occupant un feu dans la dite maison, au cas de partage des dits marais nonobstant toute loi ou mesure administrative contraire. Le bailleur aura la propriété des dits droits et au besoin le preneur déclare abandonner, céder et délaisser au bailleur tous les droits qui pourraient appartenir à elle, preneur, parce que sans cette clause le preneur n'eut point obtenu la jouissance de la maison affermée et que dès lors le présent bail n'eu pas eu lieu. »

Les communaux dépendant de la maison louée furent partagés ; alors le sieur Campan assigna la demoiselle Houel et conclut au délaissement de la part qui lui avait été adjugée. Le tribunal de Bayeux et la Cour de Caen le déboutèrent de sa demande. Il se pourvut alors en cassation. Voici l'arrêt qui fut rendu le 1 août 1842.

« Attendu que si les dispositions législatives, postérieures à la loi du 10 juin 1793, ont substitué, quant aux biens communaux, le partage par feux, c'est-à-dire par chefs de famille ayant domicile dans la commune, au partage par tête d'habitant, ces dispositions n'ont point abrogé toutes les autres prescriptions de cette loi fondamentale sur la matière. — Attendu qu'aux termes du § 2 de l'art. 1er, section 2 de la loi du 10 juin 1794, les propriétaires non habitants n'ont aucun droit au partage ; — que, d'après l'art. 15, même section de la même loi, tout acte ou usage, qui aurait fixé une manière de procéder au partage différente de celle portée dans la loi, devait être regardé comme nul et de nul effet; que si d'après cette loi et sous son empire, on ne pouvait par un acte quelconque, déroger au mode de partage, qu'elle déterminait, on ne peut davantage, sous l'empire des dispositions législatives postérieures, déroger aux règles, qu'elles ont tracées à cet égard.

« Attendu que la loi du 9 ventôse an XII, en autorisant, art. 2, par une disposition expresse, les copartageants ou leurs ayants cause, à vendre ou aliéner la portion à eux échue par un partage effectué, dont il aurait été dressé acte, et à en disposer comme ils le jugeraient convenable, n'a pas conservé ce droit à l'égard des biens communaux non partagés. — Que la faculté d'aliéner une part certaine échue par un partage consommé et dont on est devenu ainsi propriétaire, n'implique pas nécessairement celle de disposer d'une partie quelconque des biens communaux lesquels, tant qu'ils ne sont point partagés ne constituent pas réellement pour partie une propriété en faveur de chaque chef de famille domicilié dans la commune; — Qu'en effet, d'un côté par différentes causes et notamment par suite de l'aliénation qui pourrait être autorisée au profit de la commune et pour les besoins communaux, il peut n'y avoir jamais de partage : et d'un autre côté ce sont seulement les chefs de famille existants et domiciliés dans la commune au moment du partage, qui y participent.

« Attendu que c'est dans un intérêt public et spécia-

lement pour attacher les habitants au sol, et pour faire
naître l'esprit et les habitudes d'ordre que produit le droit
de propriété, que les lois ont réservé aux chefs de famille ayant domicile dans la commune à l'exclusion
des propriétaires qui n'y sont pas domiciliés, le droit
de prendre part au partage des biens communaux ; —
Attendu que ces vues d'ordre public seraient méconn-
nues, si l'on consacrait l'aliénation anticipée d'un droit
éventuel de cette nature ; qu'aux termes de l'art. 6 du
Code Napoléon, on ne peut déroger par des conventions particulières aux lois qui intéressent l'ordre public ; d'ou il suit qu'en confirmant le jugement, etc...,
rejette.

Quant à nous, nous inclinerions à penser que la
jurisprudence est dans le vrai, et que la plupart des
dispositions de la loi du 10 juin 1793 ont été abrogées.
Ainsi, il est incontestable pour nous que les partages
gratuits et par têtes d'habitants, sont prohibés, mais
nous croyons que les conditions d'aptitude person-
nelles exigées par cette loi sont encore en vigueur.

L'administration supérieure et le conseil d'État sont
bien d'accord avec la jurisprudence pour décider que
les partages, tels qu'ils étaient réglés par la loi de
1793, ne sont plus permis ; mais voulant arriver l'un
et l'autre à la mise en culture des biens communaux,
ils tournent la difficulté. Il est certain, disent-ils, que
les lois du 21 prairial an IV, du 9 ventose an XII, et
du 18 juillet 1837 ne permettent pas de partager les

biens de la commune, puisque d'après les principes posés par ces lois, c'est la commune qui est propriétaire et non les habitants, comme le disait la loi de 1793. Mais si le partage est défendu, la vente est permise. Qu'est-ce qui empêche alors les communes qui désirent partager leurs biens communaux, d'exiger un certain prix inférieur au prix réel, de tous les ayants droit au partage? Dans ce cas, l'opération qu'elle feront étant une vente et non un partage, la loi sera respectée, et les terrains qui avaient été laissés jusque-là stériles, dans la promiscuité commune, seront rendus à l'agriculture.

Si toutes les critiques qu'on a adressées à la loi du 10 juin 1793 sont fondées, la] manière de procéder du conseil d'État et de l'administration supérieure en mérite au moins une partie. En effet, on a surtout blâmé la loi de 1793, parce qu'elle déshéritait les générations futures en attribuant à chaque habitant ce qui appartenait à la commune. Mon Dieu ! c'est ce que font à peu près aujourd'hui le conseil d'État et l'Administration supérieure, en vendant chaque lot à chacun des ayants droits au partage, moyennant un prix très-inférieur. Il est vrai que, de cette façon, la commune tire quelque chose de son communal, mais elle n'en tire pas en réalité ce qu'il vaut. Ainsi l'avis du comité de l'intérieur du conseil d'État, en date du 16 mars 1838, que tous les auteurs citent pour établir la prohibition du partage des biens communaux, est suivi d'une ordonnance royale qui a pour but d'approuver la vente de deux cent trente-cinq hectares de terrains communaux pour une somme de trente mille francs. C'est-à-dire que cette ordonnance, tout en prohibant le partage des biens de la commune, admet qu'ils peuvent être vendus à chaque ayant droit au partage moyennant 128 fr. l'hectare. 128 fr. l'hectare! Franchement les terres ne sont guère meilleur marché en Algérie et en Amérique?

Loin de nous, l'idée de blâmer le conseil d'État et l'Administration supérieure de procéder ainsi ; nous trouvons, au contraire, qu'ils ont raison à tous les points de vue, excepté au point de vue légal. Car, ou bien l'opération, quelque nom qu'on lui donne, est une vente ; alors elle est permise et elle doit être faite aux enchères : ou bien, c'est un partage; alors elle est prohibée. Le conseil d'État, dans un but éminemment pratique et d'économie sociale bien entendue, se réserve le droit d'appeler vente ce qui n'est autre chose, en réalité, qu'un partage à titre très-peu onéreux. Il est vrai que le conseil d'État agit ainsi parce que la loi est mauvaise; mais ne vaudrait-il pas mieux la changer que de la violer?

Puisque le partage des biens communaux est interdit, il n'est pas nécessaire d'examiner les différentes mesures qui devaient être prises pour procéder à cette opération; mais d'un autre côté, puisque le conseil d'État admet, à la place des anciens partages, des concessions à titre onéreux, il n'est pas sans utilité de voir, quelles formalités doivent accompagner ces sortes d'opérations.

1° D'abord le conseil municipal doit voter la concession à titre onéreux.

2° Une estimation de chaque lot doit être faite.

3° La liste de tous les ayants droits doit être arrêtée et publiée.

4° Chaque ayant droit, doit faire la soumission de payer dans un délai déterminé le montant du prix fixé.

5° Pour que l'administration supérieure puisse donner son approbation aux mesures qu'il s'agit de prendre, il faut que toutes les plaintes puissent lui arriver; pour cela une enquête de commodo et incommodo doit être faite.

6° Enfin, toutes les formalités qui précèdent, doivent être approuvées par arrêté du préfet en conseil de préfecture.

Une dernière formalité reste à remplir, c'est l'acte de concession; cet acte n'exige pas plus qu'une vente, le ministère d'un notaire, mais l'administration supérieure a l'habitude de ne jamais autoriser la concession sans nommer d'office un notaire pour recevoir l'acte.

SECTION II.

PARTAGE ENTRE COMMUNES.

Tout ce que nous avons dit jusqu'à présent sur les partages des biens communaux s'applique au cas, où les biens en question appartiennent à une seule commune et qu'il s'agit de les partager entre les différents habitants de cette commune. Mais il peut parfaitement arriver qu'un bien communal, au lieu d'appartenir à une seule commune, appartienne à plusieurs. Dans ce cas, avant de préocéder au partage entre habitants, il faudra procéder au partage entre communes. Il y a une grande différence entre ces deux opérations. — Dans le partage entre communes, il s'agit d'une opération absolument semblable à celle que feraient deux particuliers qui auraient des biens indivis. Ainsi, 1° le partage n'est pas attributif mais déclaratif de propriété; 2° le principe énoncé par l'art. 815, C. Nap., que personne n'est tenu de rester dans l'indivision est applicable.

Dans le partage entre habitants, au contraire, il s'agit, non plus d'attribuer à chaque habitant une part de propriété indivise, mais une part de la propriété de la commune. Par conséquent, s'il y a partage, il y aura non pas déclaration mais attribution de propriété et aucun des habitants ne pourra se prévaloir de l'article 815, C. Nap.

Quelles sont les règles à suivre pour partager un bien communal indivis entre deux communes?

Sous l'ancienne monarchie, une ordonnance de l'intendant Chauvelin du 1ᵉʳ juin 1744 avait décidé que l'on devait appliquer à cette matière les règles des sociétés privées c'est-à-dire, que les biens indivis devaient être partagés par portions égales entre les communes co-partageantes. Mais cette ordonnance fut réformée en appel par arrêt du 5 août 1748. Cependant il faut avouer qu'elle était conforme aux principes.

Les lettres patentes du 27 mars 1777 données spécialement pour la Flandre française prescrivirent au contraire le partage par feux.

Sous la Révolution française, la loi du 10 juin 1793 applique aux partages entre communes le même principe qu'aux partages entre habitants. Son art. 2 de la section IV est ainsi conçu :

« Lorsque plusieurs communes sont en possession concurremment, depuis plus de trente ans, d'un bien communal, sans titre de part ni d'autre, elles auront la même faculté de faire ou de ne pas faire le partage ou la partition des terrains sur lesquels elle ont un droit ou un usage commun, que les habitants d'une commune relativement au partage de leur communaux entre eux. »

Ainsi la loi du 10 juin 1793 voulut que tous les partages de biens communaux fussent faits par têtes d'habitants, à moins qu'il n'y eût des titres établissant le contraire.

Ce mode fut suivi jusqu'en 1807 : alors, un avis du conseil d'État en date du 4 juillet et approuvé le 20 du même mois par l'Empereur déclara que dorénavant ces sortes de partages entre communes auraient lieux par feux. On y lit ce qui suit :

« Le conseil d'État qui, d'après le renvoi ordonné par Sa Majesté, a entendu le rapport de la section de l'intérieur, sur celui du ministre de ce département, sur la question de savoir quelle sera la base d'après laquelle deux communes propriétaires par indivis d'un bien communal, et qui veulent faire cesser cet indivis, doivent le partager entre elles, est d'avis que ce partage doit être fait en raison du nombre de feux de chaque commune, et sans avoir égard à l'étendue du territoire de chacune d'elles. »

Depuis 1807, aucune disposition législative n'a changé le mode de partage établi par l'avis précité ; aujourd'hui les biens communaux indivis entre plusieurs communes, doivent donc être partagés eu égard au nombre de feux de chaque commune. Mais à quelle époque faut-il se placer pour compter les feux des communes copartageantes et fixer ainsi la part qui doit revenir à chacune d'elles ?

Si les communes ont toujours été distinctes, et qu'il n'y ait ni titres, ni usages spéciaux, on doit prendre pour base du partage tous les feux actuellement existants dans chaque commune.

Si, au contraire, les communes copartagentes ne formaient à une époque plus ou moins reculée, qu'une seule municipalité, on doit prendre pour base du partage les feux existants à l'époque où a eu lieu la séparation.

Voici pourquoi :

La séparation de deux communes produit les mêmes effets qu'une dissolution de société, or l'art. 1872, Code Napoléon, applique aux sociétés les règles concernant le partage des successions, entr'autres, celles posées par les art. 815 et suivants qui disent que les droits des copartageants sont définitivement fixés du jour où le partage a pu être demandé (1). S'il en est ainsi, le droit de chaque commune a été fixé le jour où il y a eu séparation, quelque intervalle qu'il se soit écoulé entre cette séparation et la demande en partage.

Nous avons dit plus haut qu'une commune pouvait se prévaloir de l'art 815, C. N. et recourir aux tribunaux pour faire ordonner le partage, si la commune co-propriétaire s'y opposait. Mais il faut bien remarquer que, même après la décision de l'autorité judiciaire, qui a déclaré le droit de la commune demanderesse à obtenir le partage, l'administration supérieure, qui, aux termes du § 41, tableau A annexé au décret

(1) Cass. 13 juillet 1841.

du 25 mars 1852, doit approuver les partages de toutes sortes, reste libre d'en apprécier l'opportunité et de refuser son approbation.

Il faut avouer qu'il est difficile de concilier le droit de la commune avec le droit de l'administration. En effet, les communes co-propriétaires ont le droit de sortir de l'indivision, et les tribunaux appelés à statuer pour cette question, doivent déclarer que l'indivision cessera. Mais voici que les communes s'étant donné la peine de faire intervenir l'autorité judiciaire pour déclarer leurs droits, l'administration oppose son veto : Oui, dit-elle, l'art. 815 vous autorise à faire cesser l'indivision, mais moi, je m'y oppose, en qualité de tutrice des communes. Ne vaudrait-il pas mieux laisser les communes, au moins sous ce rapport, sous l'empire du droit commun?

SECTION III.

CONTENTIEUX EN MATIÈRE DE PARTAGE DES BIENS COMMUNAUX.

L'autorité appelée à statuer sur les contestations qui s'élèvent à propos du partage des biens communaux, n'est pas toujours la même. Tantôt c'est l'autorité judiciaire, tantôt c'est l'autorité administrative.

1° *Compétence de l'autorité judiciaire.* — L'autorité judiciaire est compétente; 1° toutes les fois que la contestation porte sur des questions relatives à la propriété (1) des biens à partager; 2° toutes les fois qu'il s'agit de faire ordonner, en vertu de l'art. 815, C. N., le partage des biens indivis entre plusieurs communes; 3° toutes les fois qu'il s'agit de fixer la part à laquelle chacune des communes copartageantes a droit dans le partage (2), lorsqu'elles invoquent des titres qui doivent faire déroger à la règle générale du partage par feux, établie par l'avis du conseil d'État du 4 juillet 1807; 4° enfin les conditions d'aptitude personnelle pour avoir droit au partage et à la jouissance des biens communaux sont encore de la compétence des tribunaux civils.

Les règles relatives à la compétence judiciaire en cette matière ont été établies par les art. 3 et 4, section V de la loi du 10 juin 1793, dont voici le texte :

« Art. 3. Tous les procès actuellement pendants ou qui pourront s'élever entre les communes et les propriétaires, à raison des biens communaux ou patrimoniaux, soit pour droits, usages, prétentions, demandes en rétablissement dans les propriétés dont elles ont été dépouillées par l'effet de la puissance féodale, ou autres réclamations généralement quelconques seront vidées par la voie de l'arbitrage. »

« Art. 4. Les procès qui ont ou qui auront lieu entre deux ou plusieurs communes, à raison de leurs biens

(1) Trib. des conflits, 2 mai 1850.
(2) Arrêt du Conseil d'État, 20 juin 1844.

communaux ou patrimoniaux, soient qu'ils aient pour objet la propriété ou la jouissance des dits biens seront, terminées pareillement par la voie de l'arbitrage. »

L'arbitrage forcé établi par ces deux textes a été remplacé par les communaux civils.

2° *Compétence de l'autorité administrative.* — 1° C'est à l'autorité administrative qu'il appartient non seulement d'autoriser ou d'approuver le partage des biens indivis entre communes, mais même de prononcer sur les difficultés relatives au mode de partage et à ses opérations matérielles, telles que la nomination des experts, la formation et le tirage au sort des lots. C'est ce qui ressort des art. 1 et 2, section V de la loi du 10 juin 1793.

« Art. 1er. Les contestations qui pourront s'élever à raison du mode de partage entre les communes, seront terminées sur simple mémoire par le directoire du département, d'après l'avis de celui du district.

« Art. 2. Le directoire du département, sur l'avis de celui du district, prononcera pareillement sur simple mémoire, sur toutes les réclamations qui pourront s'élever à raison du mode de partage des biens communaux.

2° C'est également l'autorité administrative qui est chargée de juger les contestations qui peuvent survenir entre une commune et ses habitants, relativement à l'existence et la validité d'un partage. Ainsi le décide l'art. 6 de la loi du 9 ventôse an XII. Le décret du quatrième jour complémentaire an XIII décide en outre, dans son art. 2, que l'arrêté du conseil de préfecture ne peut être mis à exécution qu'après avoir été soumis au conseil d'État et avoir été confirmé par décret, sur le rapport du ministre de l'intérieur. Cette innovation avait pour but de placer le maintien du partage dans le domaine souverain du gouvernement.

Mais l'autorité administrative a plusieurs organes quel est celui de ces organes qui doit statuer sur les questions à elle réservées?

Toutes les fois qu'il s'agira de l'exécution matérielle du partage, nomination des experts, tirage au sort des lots, etc, la question sera de la compétence du préfet.

Toutes les fois, au contraire, qu'il s'agira de vider les difficultés relatives au mode et à l'interprétation des actes de partage, le conseil de préfecture sera seul compétent, parce qu'il y aura, non plus un simple acte d'exécution à accomplir, mais un véritable litige à vider.

CHAPITRE X

Nous avons vu qu'avant la Révolution française, les usurpations de biens communaux avaient été si nombreuses et si révoltantes que les rois avaient été obligés d'intervenir maintes fois contre les usurpateurs. Mais tous les édits de la royauté n'avaient pu arrêter le mal. Les lois de 1791, 1792 et 1793 tentèrent à leur tour de rétablir les communes dans leurs droits, et ordonnèrent en même temps le partage de leurs biens. Les désordres qui suivirent l'application de ces lois furent tels, qu'on fut obligé d'en suspendre l'effet. Pendant ce sursis, les communes furent la proie de la plus grande spoliation qu'on eut jamais vue; aussi la loi réparatrice du 9 ventôse an XII complétée par le décret du quatrième jour complémentaire an XIII, tenta-t-elle de leur faire restituer tous les biens dont elles avaient été dépouillées. Le but était très-difficile à atteindre, car la plupart des usurpations ayant été faites sous le couvert des partages à titre gratuit permis par la loi du 10 juin 1793, il fallait examiner attentivement si ces partages avaient été frauduleusement ou de bonne foi. Cette loi de ventôse an XII, dans le but de sauvegarder les intérêts de la commune dépouillée, décida que tous les détenteurs de biens communaux qui seraient dépourvus de titres, ou qui n'auraient ni défriché, ni enclos les fonds, devraient être traités comme des usurpateurs ordinaires. Cependant, comme ces détenteurs pouvaient être de bonne foi, cette même loi ordonna que les possesseurs actuels de biens communaux par eux défrichés ou enclos, seraient maintenus dans leur possession, à la charge de faire soumission de payer à la commune les quatre cinquièmes de la valeur des biens usurpés.

Les poursuites en restitution ordonnées par la loi de ventôse an XII furent si peu nombreuses, qu'en 1810 les communes spoliées, n'étaient pas encore parvenues à se faire rendre leurs biens ou leur valeur. Alors, une ordonnance datée du 23 juin de cette année 1810, exigea la recherche immédiate de tous les biens en jouissance privée, dont l'occupation ne serait pas justifiée par un acte de concession ou de partage écrit ou verbal. De plus, elle laissa à ceux qui ne pourraient justifier leur possession d'aucune manière, le droit d'être maintenus, à la condition de faire une déclaration, dans un délai de trois mois, et de se soumettre par écrit à payer les quatre cinquièmes de la valeur des biens, déduction faite de la plus-value résultant des améliorations.

Cette ordonnance amena d'heureux résultats; un grand nombre de communes purent rentrer en possession de leurs biens usurpés ou du moins en toucher la valeur, parce que les détenteurs qui se sentaient en faute vinrent s'offrir spontanément à payer le prix qui était exigé pour rester en possession.

Depuis 1810, les usurpations de biens communaux ont été beaucoup moins scandaleuses ; il ne faut pas croire pourtant qu'elles aient complétement disparu. Aujourd'hui encore, on trouve dans les campagnes une multitude de gens qui se mettent l'esprit à la torture pour arrondir leurs propriétés aux dépens des biens communaux. Les procédés employés ne varient guère. Tantôt ce sont les habitants d'un village, tout entier, le maire en tête, quelquefois, qui se présentent devant l'autorité judiciaire pour demander le partage de leurs biens en vertu de l'art. 815 C. N., se prétendant ainsi propriétaires indivis. Tantôt ce sont quelques propriétaires d'un village, ordinairement les plus influents et les plus riches, qui se font céder par leurs voisins les droits qu'ils ont sur les biens communaux, et puis, qui se prévalent ensuite de ces ventes pour revendiquer une propriété pleine et entière.

Le premier de ces procédés a été dénoncé par le conseil général du Cantal dans sa session de 1843 :

« Les habitants des communes ou sections de communes, dit-il, s'entendent pour considérer les communaux comme des indivis ou propriétés particulières auxquelles ils ont un droit égal. Plusieurs d'entre eux, ayant parfois le maire en tête, demandent contre les autres le partage de ces prétendus indivis ; ceux-ci consentent au partage, un jugement passé d'expédient l'ordonne ; le partage est fait, et le corps moral de la commune (ou de la section) est ainsi dépouillé au profit des possesseurs actuels (1). »

Un autre conseil général, celui de la Haute-Vienne, n'a vu dans cette manière de procéder que l'exercice d'un droit légitime et incontestable.

« En admettant, dit-il, ainsi que le prétendent quelques personnes, qu'il existe des propriétés affectées, à toujours, à certains corps moraux qu'on appelle *communes*, ces propriétés n'existent pas dans le département de la Haute-Vienne ; celles qu'on y connaît sous le nom de communaux n'appartiennent nulle part à des communes entières, mais seulement à des villages qui les possèdent exclusivement et quelquefois promiscûment avec un ou deux villages voisins. »

« Ces communaux, loin d'avoir le caractère de promiscuité perpétuelle, *ne sont autre chose que des propriétés indivises*, dont le droit commun suffirait à auto-

---

(1) *Recueil des vœux des conseils généraux sur la législation relative aux biens des communes*, p. 49 (ouvrage cité par M. Ancoc dans son livre sur *les Sections de communes*).

riser le partage, sur la demande des parties intéressées,
si de fausse idées, nées de la confusion des choses, ne
prévalaient pas sur la vérité des faits, et sur les conséquences qu'ils devraient produire (1). »

En face de ces abus quels sont les pouvoirs de l'administration supérieure? Elle doit donner des instruc-
tions aux conseils municipaux, afin que les mesures nécessaires pour arriver à la réintégration des communes
dans leurs propriétés, soient prises le plus tôt possible.
Mais si les conseillers municipaux sont intéressés eux-
mêmes à ne pas agir, et s'ils opposent par suite une
coupable inertie à l'initiative prise par l'administration,
que reste-t-il à faire? Sans doute, le pouvoir, pour
réprimer de pareils abus, peut suspendre momenta-
nément les conseils municipaux récalcitrants et les
remplacer par des commissions municipales qui seront
beaucoup plus souples en face des vœux qu'il émettra;
mais une mesure aussi radicale produit toujours des
effets désastreux. Que lui reste-t-il donc à faire? Il faut
certainement agir d'office, ordonner la recherche des
usurpations, nommer des experts et faire constater
par eux les anticipations commises; mais là s'arrête
son droit : il ne peut pas de son chef exercer l'action
en revendication au nom de la commune et saisir directement le conseil de préfecture des procès-verbaux
constatant les usurpations. Tout ce qu'il peut faire,

(1) Même recueil, p. 24 et 25.

c'est de peser sur les déterminations du conseil municipal ou de trouver un contribuable qui veuille bien
agir au nom de la commune, en vertu de l'article 49
de la loi du 18 juillet 1837.

Il nous reste à dire un mot sur les contestations relatives aux biens communaux qui avaient été usurpés
dans l'intervalle compris entre les lois des 10 juin 1793
et 9 ventôse an XII. Ces contestations, qui, aux termes
de la loi de ventôse, devaient être jugées par les conseils de préfecture, deviennent de plus en plus rares;
aussi ne nous y arrêterons-nous pas longtemps.

La loi de ventôse an XII, tout en ordonnant la restitution aux communes des biens usurpés, avait eu
pour but de régulariser les partages qui n'avaient pas
été faits conformément à la loi. En confiant à l'autorité
adminitrative le povoir de statuer sur les contestations
que pourrait soulever l'exécution des mesures excep-
tionnelles qu'elle prescrivait, elle restait dans les limites de la plus stricte logique. Mais les conseils de
préfecture étendirent singulièrement le champ qui
leur avait été confié. Jusqu'en 1857, ils s'attribuèrent
la connaissance de toutes les usurpations de biens
communaux, soit que ces usurpations fussent anté-
rieures, soit quelles fussent postérieures à la loi de
ventôse, lorsque la qualité communale des terrains n'é-
tait pas contestée ou, lorsqu'on n'invoquait devant eux
ni titres de propriété, ni moyens de droit commun. —
Mais depuis 1857 de nombreux arrêts du conseil d'État

ont resserré dans ses justes limites le cadre des contestations à soumettre au conseil de préfecture (1).

On s'étonne, quand on lit le texte de la loi de ventôse, que l'autorité administrative ait *été si longue à proclamer l'incompétence*, des conseils de préfecture. En voici les termes :

« Art. 6. Toutes les contestations relatives à l'occupation desdits biens qui pourront s'élever entre les copartageants, détenteurs ou occupants *depuis la loi du 10 juin 1793*, et les communes, soit sur les actes et les preuves du partage des biens communaux, soit sur l'exécution des conditions prescrites par l'art. 3 de la présente loi, seront jugées par les conseils de préfecture. »

Il est incontestable qu'en vertu de ce texte, il n'y avait que les contestations postérieures à 1793 qui devaient être soumises aux conseils de préfecture. Mais nous avons ajouté : les usurpations qui ne remontaient pas à une époque antérieure à la loi de ventôse an XII ne tombaient pas sous l'application de cette loi. C'est ce que dit en propres termes un avis du conseil d'État approuvé par l'empereur le 18 juillet 1809. « Toutes les usurpations de biens communaux, dit-il, commises *depuis la loi du 10 juin 1793 jusqu'à la loi du 9 ventôse*

(1) Décr. du 20 mars 1852; 25 juin 1857, Napoléonville; 22 septembre 1859, Branger; 13 juin 1860, Lansargues. — Voy. aussi *École des communes*, année 1857, p. 283.

an XII, soit qu'il y ait eu, soit qu'il n'y ait pas eu de partage exécuté, doivent être jugées par les conseils de préfecture, lorsqu'il s'agit de l'intérêt de la commune contre les usurpateurs. »

CHAPITRE XI

Quand on parle des biens communaux, il faut soigneusement distinguer ceux qui appartiennent aux communes de ceux qui appartiennent aux sections de communes. Dans les deux cas, les biens sont communaux, c'est-à-dire qu'ils appartiennent à l'être moral, la commune, ou la section de commune, et jamais aux habitants indivisément. En d'autres termes, ce ne sont jamais les habitants de la commune ou de la section de commune qui sont propriétaires ; mais c'est l'être moral seul qui a la propriété ; les habitants quels qu'ils soient, n'ont qu'une jouissance précaire.

L'existence des sections de communes a été consacrée par plusieurs textes législatifs depuis le fameux décret du 10 juin 1793 qui disait dans son art. 1er, section IV: « Tous les biens communaux en général, connus sous les divers noms de terres vaines et vagues, etc.... et sous toute autre dénomination quelconque, sont et appartiennent de leur nature à la généralité des habitants ou membres des communes ou *sections de communes* autorisées à les revendiquer. »

Le décret du 7 vendémiaire an IV défend aux communes, ou aux *sections de communes*, « de louer ni acquérir de local pour l'exercice des cultes. »

La loi du 3 frimaire an VII dit dans son art. 46 : « Les propriétés appartenant à des communes, *portions de communes*, à des hospices ou autres établissements publics seront aussi désignées de la mêmes manière et portées dans les états de sections au compte des dites communes, *portions de communes*, hospices ou autres établissements. »

Le code Napoléon donnant la définition des biens communaux ne mentionne pas les sections de commune.

La loi du 18 juillet 1837 donne des garanties nouvelles aux sections après avoir consacré leur existence (art. 5, 6, 7, et 49 à 58).

Enfin la loi du 28 juillet 1860 sur la mise en culture des biens communaux, après avoir consacré l'existence des sections, a pris des dispositions nouvelles pour les protéger.

« S'il s'agit, dit le § 2 du 3' de l'art. 2, de biens appartenant à une section de commune, une commission syndicale, nommée conformément à l'art. 3 de la loi du 18 juillet 1837, est préalablement consultée. »

Ainsi donc, les sections de communes existent légalement. Mais quels sont les caractères distinctifs auxquels on reconnaît leur existence? Quelle différence y a-t-il entre une commune et une section de commune?

La loi du 10 juin 1793, définissait la commune, « une société de citoyens unis par des relations locales. » Cette définition conviendrait mieux à la section qu'à la commune elle-même. La commune en effet, est une espèce de société politique, qui à ses biens et son administration spéciale : c'est une société politique, puisque, dans de certaines limites, elle prélève des impôts sur ses membres : elle a son administration spéciale, puisqu'elle forme une circonscription administrative de l'Empire : enfin, elle a des biens qui sont son entière propriété. Les sections de commune n'ont pas les deux premiers caractères de la commune; ce ne sont pas des sociétés politiques ayant leur administration particulière; ce sont tout simplement, comme disait la loi du 10 juin 1793, des sociétés de citoyens unis par des relations locales.

Maintenant voici une commune; elle est composée de plusieurs villages; quels sont ceux de ces villages auxquels on pourra décerner le nom de sections? « La section de commune, dit M. Aucoc, *n'ayant d'existence qu'à raison des biens dont ceux qui la composent ont le droit exclusif de jouir en commun, son caractère doit se déterminer par la nature des biens communaux.*

Or, il est de principe que c'est à l'habitation sur le territoire de la commune qu'est attaché et subordonné le droit à la jouissance de ces biens. Qu'on ne réside pas sur ce territoire, fût-on propriétaire de la plus grande partie des terres qui la composent, on n'a aucun droit à cette jouissance (1). »

Pour qu'on puisse donner à un village le nom de section de commune, il faut donc que ce village ait des biens communaux distincts de ceux de la commune.

Remarquons attentivement que les biens dont il s'agit ne sont pas des biens indivis, des biens possédés par les habitants *ut singuli*, mais des biens communaux proprement dits, destinés à subvenir aux besoins des générations futures comme des générations actuelles, et qui, au lieu d'appartenir à la commune tout entière, appartiennent à une section seulement.

Mais quels sont les moyens de distinguer les biens appartenant aux communes de ceux appartenant aux sections de communes ?

Quand il existe dans un village un bien communal, la présomption est que ce bien appartient à la commune. Pour faire cesser cette présomption, les habitants du village doivent donc prouver leurs droits exclusifs. Comment le feront-ils ? Il est bien évident que leur jouissance actuelle ne suffit pas pour établir leurs droits. Mais le village peut avoir des titres constatant sa propriété. Il peut aussi prouver qu'à une

(1) M. Ancoc, *des Sections de communes*, p. 91.

certaine époque, plus ou moins éloignée, il formait une commune distincte ayant sa municipalité régulière. Enfin il peut opposer à la commune une possession qui aurait tous les caractères que la loi exige pour conduire à la propriété pleine et entière.

Il semble qu'après avoir consacré l'existence et les droits des sections, le législateur aurait dû leur constituer des représentants spéciaux chargés de gérer leurs biens et de défendre leurs droits. Mais il n'en a pas été ainsi; le législateur a considéré que les sections tions n'étant distinctes de la commune qu'au point de vue des biens communaux, il ne fallait pas, pour elles, compliquer les rouages administratifs.

Cependant il est des cas dans lesquels les sections ont une représentation spéciale; ces cas du reste sont très-peu nombreux. M. Aucoc n'en énumère que cinq.

La plupart du temps, c'est donc le maire et le conseil municipal qui sont chargés de soutenir les intérêts des sections de communes. Ainsi, ce sont les conseils municipaux qui règlent le mode d'administration et de jouissance de leurs biens. Ce sont eux également qui ont le pouvoir d'aliéner ces mêmes biens. La Cour de cassation en donne pour motif « que l'administration municipale représente au même titre, avec les mêmes attributions et les mêmes pouvoirs, toutes les fractions de l'unité communale, nonobstant la diversité de leurs origines ou de leurs intérêts. »

CONCLUSION.

Nous avons étudié toutes les transformations qu'a
subies la législation des biens communaux. De tous
temps, le législateur a montré son embarras quand il
lui a fallu aborder ce sujet, et les règles qu'il a édictées, surtout depuis la Révolution française, nous apparaissent plutôt comme des lois d'expédient que
comme des lois définitives. Ce ne sont pourtant pas
les éléments qui ont manqué; des enquêtes ont été
faites, des rapports de commissions ont été présentés,
les vœux de tous les conseils généraux ont été ras-
semblés, et, malgré tout cela, la question n'a pas
avancé. Aucun gouvernement, excepté la Convention,
n'a osé faire une loi complète sur la matière. Cette
indécision du législateur ne nous révèle-t-elle pas que
la propriété communale n'est plus en harmonie avec
la civilisation de notre époque, et qu'elle doit disparaître?

Nous le croyons fermement.

Quel est, en effet, le spectacle que présentent les
biens communaux?

1° Depuis des siècles, les biens communaux sont en

proie à toute espèce d'usurpations. Sous l'ancienne monarchie, les rois ne pouvaient pas faire assez d'ordonnances pour réprimer ces usurpations; sous la Révolution française, il y eut de si grands désordres, que l'Empire et la Monarchie constitutionnelle furent obligés, dans un but éminemment politique, de consacrer législativement les faits accomplis; enfin, de nos jours, on voit souvent des conseils municipaux refuser de poursuivre des empiétements sur le domaine communal, malgré les instances de l'Administration supérieure. Cette facilité avec laquelle on tolère toutes ces usurpations n'est-elle pas, d'abord, un signe que la propriété communale ne répond plus aux besoins pour lesquels elle a été établie?

2° Malgré toutes les mesures prises par tous les gouvernements depuis Louis XIV, pour arracher les terres communales à leur éternelle infécondité, il est digne de remarque que ce sont ces terres qui ont été le moins améliorées.

Depuis Louis XIV, la propriété particulière a été complétement transformée sur tous les points de la France; la propriété communale, au contraire, n'a subi que de faibles changements, et, encore, n'en a-t-elle subi aucun dans beaucoup de communes du centre de la France.

Ce que nous avançons là est si vrai, que M. Grellet-Dumazeau, conseiller à la Cour de Limoges, pouvait écrire ce qui suit en 1831 :

« Nos communaux ne consistent pas seulement en bruyères; ils présentent des pâturages précieux, et *c'est là que se manifestent, de la manière la plus déplorable, les abus du régime communal.* Des ruisseaux ravinent le sol. Des sources ne produisent que de dangereux bourbiers. Un pillage presque continuel dépouille ces malheureux terrains de leurs gazons et de leurs engrais naturels. La communauté entière vient y prendre sa terre à bâtir et y pratique des excavations qui ne se comblent jamais. Les surfaces demeurées praticables aux voitures sont sillonnées de chemins dans tous les sens, avec tout le dédain, on pourrait dire toute la haine qu'inspirerait un sol ennemi. Enfin, si, malgré ces causes, le communal donne quelque chétive production, elle est livrée au pâturage, de manière à la détruire, plutôt qu'à en profiter. Le gros bétail, les bêtes à laine, les chèvres, les porcs et les oies y sont jetés pêle-mêle; les uns ravageant et infectant ce qui aurait pu être pâturé par les autres. Ajoutons que ce terrain ne produit rien du tout pour le particulier sage et soigneux qui craint de mêler son troupeau à tant d'animaux nuisibles ou suspects de maladies contagieuses. »

Ce que M. le conseiller Grellet-Dumazeau signalait comme très-fâcheux en 1831, existait avant lui (1) et

(1) Voici ce qu'écrivait, au XVIIIe siècle, le comte d'Essuiles dans son *Traité des communes* : « En quel état peuvent donc être des biens pillés, dégradés, dévastés continuellement et jamais réparés? La pâture sèche

existe encore en 1869. Il est à notre connaissance que dans un grand nombre de localités les biens commu-naux ne produisent rien, absolument rien. Et ce qu'il y a de plus extraordinaire, c'est qu'à côté de ces communaux, on voit des champs appartenant à des particuliers qui sont couverts de splendides récoltes.

A quoi attribuer une bizarrerie semblable ?

A une époque qui n'est pas bien éloignée de nous, on parlait beaucoup de communisme. Des publicistes, frappés des résultats obtenus par certaines corporations religieuses, prétendirent que Rousseau avait trouvé le dogme de l'avenir en déclarant que « *les fruits sont à tous et la terre à personne* (1). » Le maréchal Bugeaud, qui était alors en Afrique, voulut éprouver si ce dogme n'était pas une invention des prêtres du communisme. Comme alors il faisait faire des dé-

se convertit en une friche aride et nulle ; la prairie humide se change en marais fangeux et de nul rapport ; le plus beau bois devient une bruyère ou plutôt un champ inculte où l'on ne trouve plus que quelques ronces et quelques épines. Cette vérité fâcheuse ne peut être contestée par aucun de ceux qui ont habité les campagnes et vu des biens communs. »

(1) Voici le passage complet auquel il est fait allusion et qui est tiré du discours de Rousseau sur cette question : Le rétablissement des sciences et des arts a-t-il contribué à épurer les mœurs ?

« Le premier qui, ayant enclos un terrain, s'avisa de dire : *Ceci est à* « *moi*, et trouva des gens assez simples pour le croire, fut le vrai fon- « dateur de la société civile. Que de crimes, de meurtres, que de « misères et d'horreurs n'eût point épargnés au genre humain celui « qui, arrachant les pieux et comblant le fossé, eût crié à ses sembla- « bles : Gardez-vous d'écouter cet imposteur ; vous êtes perdus, si « vous oubliez que les fruits sont à tous et que la terre n'est à per- « sonne. »

frichements par l'armée, il donna à chaque régiment une certaine quantité de terrains à cultiver, puis il concéda à chaque soldat une petite parcelle de peu d'étendue. Qu'arriva-t-il? Les champs qui étaient cultivés par le régiment tout entier, n'avaient que des récoltes assez pauvres tandis que les petites parcelles qui avaient été concédées à chaque soldat étaient couvertes de fruits magnifiques. Que conclure de là, si ce n'est que l'activité humaine ne fait des efforts que quand elle est stimulée par l'intérêt individuel?

Ce qui est vrai en Afrique est vrai en France; et si les propriétés communales ne sont pas cultivées comme elles devraient l'être, c'est parce que la jouissance en appartient à tous les habitants et qu'aucun d'eux ne veut se donner de la peine pour tous. L'intérêt individuel n'est pas stimulé.

Le mal est donc connu; quel est le remède qu'il faut y apporter?

Nous croyons qu'il n'en est qu'un de parfaitement efficace; c'est la transformation de la propriété communale en propriété individuelle par le partage entre tous ceux qui ont droit aux jouissances.

Nous avouons, en toute humilité, que l'idée n'est pas neuve. Bien des années avant la Révolution française, elle était patronnée par des jurisconsultes très-distingués, tels que le comte d'Essuiles, La Poix de Freminville et Chabrol, le savant commentateur de la coutume d'Auvergne que nous avons cité plus haut. Il faut même ajouter que des partages avaient été faits, dans les généralités d'Auch et de Pau, et que les |résultats obtenus avaient dépassé toutes les espérances. Enfin, quand arriva la Révolution française, la doctrine et la pratique étaient d'accord pour proclamer l'excellence du principe du partage des biens communaux. La loi du 10 juin 1793 ne fit donc que pousser à l'extrême un principe bon en lui-même. Si, en effet, au lieu de bouleverser toutes les idées reçues en matière de biens communs ; si, par exemple au lieu de décréter le partage par têtes d'habitants, elle l'avait décrété par feux, selon l'habitude en vigueur, tous les désordres qui suivirent ne seraient pas arrivés. Et puis, il faut bien convenir que si le principe du partage en lui-même eût été mauvais, il n'aurait pas trouvé de défenseurs après la loi de 1793. Cependant c'est le contraire qui est arrivé. Il s'est trouvé dans toutes nos Assemblées parlementaires qui se sont succédées depuis, des membres qui ont défendu la cause du partage avec éloquence et conviction. Bien plus, lors de la discussion de la loi du 18 juillet 1837, la Chambre des députés proposa de l'introduire dans la loi ; mais la Chambre des pairs, sur le rapport du baron Mounier, rejeta cette proposition d'accord avec le Gouvernement.

. « Le partage des biens communaux, disait le baron Mounier dans son rapport, est une des questions les plus graves de l'administration. Il a souvent fixé l'attention du législateur, et il a fait spécialement l'objet de la loi du 10 juin 1793 et de celle du 9 ventôse an XII. L'applicatian de ces lois a donné naissance à de nombreuses difficultés que des décrets et des ordonnances ont cherché à résoudre. *Une révision de la législation qui touche à des intérêts si irritables a été souvent sollicitée !* elle est même devenue dans cette enceinte l'objet d'une proposition spéciale. Serait-il convenable de statuer immédiatement sur une pareille matière? etc. »

Ainsi le législateur de 1837 constate les difficultés de la matière et les besoins à satisfaire, mais il ne croit pas « convenable de statuer immédiatement. »

Plus tard, la commission nommée par le Corps législatif pour examiner le projet, qui forme aujourd'hui la loi du 28 juillet 1860, sur la mise en culture des biens communaux, proposa également le partage, à titre d'amendement. Mais sa proposition ne fut pas acceptée par le conseil d'État.

Voici le texte de cet amendement :

« Art. 1er. Lorsqu'il n'y a pas de meilleur moyen de mise en valeur, le partage peut être ordonné sur la demande des intéressés.

« Il se fait administrativement entre les ayants droit, sur la double base de la contribution foncière et du nombre des personnes de la famille.

« Art. 2. Les lots sont faits par attribution ; ils comprennent la double part afférente à la contribution et au nombre; *ils appartiennent en propre au chef de famille.*

Chaque part peut être grevée, suivant les besoins des communes, même alors que les biens appartiennent à des sections, de redevances annuelles, temporaires ou perpétuelles, au profit de la caisse communale.

« Art. 3. N'est admissible au partage que le propriétaire ayant feu dans la commune ou la section ; s'il n'est pas domicilié, il ne prend part qu'en proportion de sa contribution foncière.

« Sont comptés comme membres de la famille tous ceux qui ont même ménage et domicile à l'exception des serviteurs et autres salariés. »

Ainsi, depuis la loi de 1793, les Chambres françaises ont proposé deux fois de rétablir, par une loi, le partage des biens communaux. Il est vrai qu'en 1860 la commission du Corps législatif tempérait un peu la règle qu'elle voulait établir en autorisant les communes qui se dépouilleraient à grever chaque lot d'une certaine redevance ; mais enfin elle proclamait le principe « que le partage pouvait être ordonné sur la demande des intéressés. »

Nos Assemblées parlementaires n'ont pas été les seules à demander le partage des biens communaux ; un grand nombre de conseils généraux en ont fait autant.

En 1837, celui du département de la Creuse donnait le signal.

En 1843, celui du département du Puy-de-Dôme agitait la même question, et s'il n'émettait pas le même vœu, ce n'était qu'à une voix de minorité.

En 1846, le département de la Haute-Vienne accentuait encore davantage le vœu émis neuf ans auparavant par le conseil général de la Creuse.

D'autres conseils généraux encore, ceux du Cantal, de la Corrèze, de la Haute-Loire, etc., suivirent l'exemple donné par la Creuse et la Haute-Vienne.

La question fut examinée, nous l'avons vu, mais ne reçut aucune solution jusqu'en 1860. Alors le Gouvernement impérial fit voter par le corps législatif la loi que nous avons étudiée plus haut. On espérait que cette loi, conçue évidemment dans un but de progrès, produirait des effets merveilleux et ferait taire toutes les critiques ; mais deux ans à peine après la promulgation, le conseil général de la Creuse renouvelait les vœux qu'il avait émis depuis 1837 et il disait :

« Le conseil, convaincu, par l'impuissance des efforts tentés dans le département pour l'application de la loi du 28 juillet 1860, que cette loi ne peut y produire de résultat utile et que son inefficacité tient essentiellement à ce que la presque universalité des communaux ppartiennent à des sections de commun, *demande bu'une loi autorise le partage de ces biens entre les inté-*

ressés sur les bases et aux conditions indiquées dans ses précédentes délibérations. »

Toutes ces demandes réitérées, soit aux Chambres, soit dans le sein des conseils généraux, ne sont-elles pas l'expression des besoins de l'époque, et ne prouvent-elles pas que le partage est la seule mesure efficace pour livrer à la culture nos immenses propriétés communales?

Examinons d'ailleurs la question sous son aspect le plus simple :

Voici une commune qui a 50 ou 60 hectares de biens communaux. D'un côté, ces terrains ne rapportent absolument rien à la commune, puisque la jouissance en est laissée aux habitants ; d'un autre côté, les habitants n'en tirent pas grand fruit, puisqu'au lieu de les cultiver, ils les laissent en friche. Il faut donc, nécessairement, dans l'intérêt de tout le monde, que ces terrains soient livrés à la culture.

Mais comment faire?

Les partisans de l'amodiation en premier lieu, vous disent : Il faut affirmer ces biens au bout d'un certain temps; ils seront en bon état de culture, puisque le fermier sera intéressé à les améliorer, et alors, la commune, au lieu d'avoir des landes incultes, aura une propriété fertile.

Ceux qui raisonnent ainsi ne connaissent pas l'esprit des campagnes, et ne remarquent pas que l'initiative, en cette matière, appartient aux conseils municipaux.

Je prétends d'abord qu'ils ne connaissent pas l'esprit des campagnes, car ce n'est pas une mince chose que de supprimer la jouissance commune. Chaque paysan, qui, depuis son enfance, a mené sa chèvre ou sa vache dans le communal, a pris l'habitude de se considérer comme un véritable usufruitier, et tout acte qui entraverait sa jouissance, serait considéré par lui comme un acte de spoliation.

Je dis, en second lieu, que ceux qui proposent l'amodiation, ne songent pas qu'aux conseils municipaux seuls, appartient l'initiative des mesures à prendre. L'administration supérieure aura beau pousser un conseil municipal, elle rencontrera toujours de la résistance, d'abord, parce que les conseillers ne se soucieront guère de prendre une mesure qui les privera de leurs parts de jouissance dans les biens communaux, et ensuite, parce qu'ils ne voudront pas affronter la défaveur de ceux qui les ont nommés.

Donc, si l'on s'en tient à l'amodiation pour livrer à la culture les biens communaux, on sera exposé à les voir longtemps encore abandonnés à la compascuité commune.

Les partisans de la vente arrivent ensuite, et disent : Si, au lieu d'amodier les biens communaux, on les vendait, tout le monde y trouverait son avantage : la commune en retirerait un capital considérable qui produirait des intérêts, et les habitants pourraient être dégrevés d'une partie de leurs impôts.

Envisagée à ce point de vue, la vente ne laisse pas que d'avoir un aspect assez séduisant; mais, qu'on y réfléchisse bien, et l'on verra qu'elle a tous les inconvénients de l'amodiation sans en avoir les avantages. A quel paysan persuadera-t-on de laisser vendre son bien communal? Quel conseil municipal sera assez osé pour proposer la vente de toutes les terres incultes d'une commune?

Et puis, il faut bien considérer qu'il est une objection capitale qui s'oppose à la vente des biens communaux. En effet, dans beaucoup de localités du centre de la France, le véritable propriétaire de ces biens, ce n'est pas la commune, mais la section de commune. Or, les articles 5 et 6 de la loi du 18 juillet 1837 exigent que le produit de la vente des biens des sections tourne exclusivement au profit des habitants de ces dernières, ce qu'on fait ordinairement en les dégrevant d'une partie de leurs impôts; eh bien, dans quelle complication inextricable ne tomberait-on pas, s'il y a dans la commune venderesse 10 ou 20 sections? Personne ne pourra s'y reconnaître.

Ajoutons enfin que le système des partisans de la vente est tout-à-fait contraire à l'idée qui a fait établir et conserver la propriété communale. Quand les seigneurs concédaient à ceux qui venaient s'établir autour de leurs châteaux des parcelles de leurs domaines, ils avaient surtout pour but de favoriser les classes pauvres. Si donc les communaux sont vendus, peut-on croire sérieusement que les petits cultivateurs et les ouvriers sans fortune s'en rendront adjudicataires ? Non, celui qui s'en rendra adjudicataire, ce sera le riche propriétaire qui sera enchanté d'étendre sa propriété à peu de frais ; car, il ne faut pas se le dissimuler, un bien communal ne se vend jamais à sa juste valeur.

Puisque ni l'amodiation ni la vente ne peuvent nous amener au résultat que nous poursuivons, il faut bien revenir au partage. Mais dès le début, on nous arrête et on nous dit : Si vous partagez les biens communaux, vous expropriez la commune dans un but d'utilité privée. Les habitants n'ont sur ces biens qu'un droit de jouissance précaire, et vous en faites des propriétaires incommutables : c'est la spoliation que vous organisez contre la commune en faveur des habitants.

A ces accusations qui paraissent accablantes, on peut répondre ce qui suit : Une propriété n'a de valeur qu'autant qu'elle donne des produits ; or, dans l'état où ils sont actuellement, les biens communaux proprement dits ne produisent absolument rien à la commune ; ce n'est donc pas un bien grand préjudice qu'on lui cause en les lui enlevant.

Mais on ajoute : les habitants n'ont qu'une jouissance précaire, et vous voulez leur donner une propriété pleine et entière : vous voulez donc les enrichir aux dépens de la commune.

Que les habitants aient un droit de jouissance précaire, la jurisprudence du conseil d'État la déclaré ; nous nous y soumettons. Mais cela n'empêche pas les habitants des campagnes de considérer cette jouissance comme faisant partie de leur patrimoine.

Et si on voulait bien examiner tous les titres et consulter tous les auteurs qui ont écrit sur la matière peut-être, la jurisprudence du conseil d'État serait-elle quelque peu battue en brèche.

On verrait, par exemple, que la *Coutume d'Orléans*, rédigée en 1583, contient la disposition suivante : « Ès prairies, pâtis, pasturages et buissons appartenants à une communauté ou estans au public, l'usage sera libre à un chacun pour y mener pasturer son bestail (1). » Si cette coutume a la précaution de décider que « l'usage sera libre à un chacun, » c'est que la commune n'a pas une propriété pleine et entière.

. On verrait aussi, dans les *Coutumes de la Marche*, que « les champs communs, pasturages et marchages, tant de champs que de bois, ès lieux qu il y a bois communs ou vergiers destinés à paturages se limitent par villages. » — « *Et ne peuvent les habitants d'un village aller mener paistre et pasturager leur bestail ès pasturages de l'autre village ; et si ledit bétail y est trouvé,*

_____

(1) Cout. d'Orléans, chap. V, art. 149.

eschet meffaite coustumière ou dommage donné, sinon
que les habitants desdits villages ayent par commune
entre eux aucun droit de marchage (1). »

Legrand, qui écrivait en 1661 son *Commentaire de la
Coutume de Troyes* n'est pas moins affirmatif :

« Il n'y a quasi point de village en France, qui n'ait
des usages appelés communes pasquages et communaux.... *Ces usages appartiennent* UT SINGULI *a
chaque habitant en particulier*, pour en jôuir sans que
la communauté puissent les vendre, bailler à ferme ou
louage.... *En se faisant chaque particulier serait frus-
tré de son droit d'usage.* »

Le conseil général de la Haute-Vienne allait même
plus loin en 1846, quand il émettait le vœu que les
biens communaux du département fussent partagés :

« En admettant, disait-il, ainsi que le prétendent
certains personnes, qu'il existe des propriétés affectées à toujours à certains corps moraux qu'on appelle
communes, ces propriétés n'existent pas dans le département de la Haute-Vienne. » Le conseil va ensuite
jusqu'à dire : « qu'il serait facile de justifier par des
actes très-anciens, dont plusieurs ont été mis sous les
yeux du conseil général, que tantôt ces propriétés ont
été cédées nommément, à titre onéreux à tous les individus qui habitaient alors les villages dont elles dé-
pendent aujourd'hui, ou seulement à quelques-uns de

(1) Cout. de la Marche, chap. XXIX, art. 359 et 360.

ces habitants, et que tantôt elles sont restées dans l'indivisision à la suite de partages exécutés dans les familles, qui possédaient en tout ou en partie la circonscription de ces villages, etc. »

Enfin, M. Du Miral, dans son rapport sur la loi du 28 juillet 1860, reconnaissait dans les termes suivants les droits des habitants

« La solution la meilleure, la solution vraie n'est pas dans le sacrifice ou dans le triomphe exclusif de l'un ou l'autre de ces intérêts (de l'intérêt de la commune et de celui des habitants qui jouissent des communaux); elle est plutôt dans leur conciliation, et cette conciliation est presque toujours possible.

« Pour la réaliser sagement il faut partir de ce double principe :

1° Que les besoins administratifs certains doivent habituellement être satisfaits à l'aide des biens communaux, plutôt qu'à l'aide d'impôts extraordinaires ; 2° que les habitants qui jouissent de ces biens ne doivent pas en être dépossédés, lorsque cette jouissance a de l'importance, sans obtenir une compensation équivalente a cette jouissance. »

On peut donc soutenir que le droit de jouissance des habitants n'est pas un droit purement précaire; la loi du 10 juin 1793 et l'article 542 du Code Napoléon pourraient au besoin nous fournir des arguments dans ce sens. On peut soutenir d'un autre côté qu'en enlevant aux communes leurs propriétés improductives, on ne commet pas de spoliation. Par conséquent, le partage n'est pas un acte d'injustice aussi criante qu'on voudrait bien le faire accroire. Il est bien évident que la commune perd quelque chose, mais c'est au grand avantage de la richesse publique et des habitants de la commune.

Le partage est d'ailleurs la seule manière d'arriver sûrement à la mise en culture des biens communaux. Les habitants des campagnes ne feront aucune opposition et les conseillers municipaux seront heureux de prendre une initiative qui aura pour résultat d'agrandir leurs propriétés. Quand chaque habitant d'un village aura son petit lopin de terre, il se gardera de le vendre, ainsi qu'on le dit généralement; — sa plus grande passion sera de bien le cultiver et de l'agrandir le plus qu'il pourra. Alors au lieu de songer aux salaires élevés des villes, il s'attachera à son champ et à sa famille. Ses sentiments de probité, d'ordre, d'amour du travail augmenteront avec son pécule, et la société, au lieu d'avoir dans son sein un ouvrier errant de ville en ville, sans fortune, exposé à toutes les misères, comptera un citoyen honnête et indépendant de plus. On tremble en effet, quand on pense à l'état de misère où seraient réduits ces légions d'ouvriers des villes si, par malheur, les immenses travaux qui sont actuellement sur chantier, venaient à cesser. Que pourrait faire cette multitude de misérables qui vivent au jour le jour, sans songer au lendemain? Mon Dieu ! nous verrions peut-être de nouvelles fusillades, et nous entendrions peut-être de nouveau ce cri de désespoir : du pain ou du plomb !

Le partage des biens communaux aurait certainement pour résultat de retenir dans leurs foyers un grand nombre d'ouvriers qui abandonnent leurs villages parce que rien ne les y retient.

Henri IV voulait que ses sujets furent assez riches pour manger une poule chaque dimanche. Le souverain qui aujourd'hui trouverait le moyen de chasser la misère des villes et de rendre à la culture la propriété improductive, aurait une mémoire aussi respectée que celle d'Henri IV. La gloire n'est pas toute pour les conquérants ; celui-là aura son auréole qui aura fait la guerre à la routine, à l'ignorance et à la misère.

POSITIONS

DROIT ROMAIN.

I. Le *quinquennalis* municipal était revêtu de fonctions analogues à celles du censeur romain, mais ce n'était pas un magistrat distinct du *duumvir* de l'année lustrale.

II. L'*allectio* était bien réellement un quatrième moyen d'acquérir le *jus originis* (l. 7, pr. C., liv. X, tit. 39; et loi 1, pr. D., liv. L, tit. 1).

III. L'usufruit constitué au profit d'une ville devait durer cent ans et non pas simplement trente ans (nec obistat l. 68, D. ad. leg. Falc. liv. XXXV, tit. 2).

IV. Lorsque les cités purent recueillir l'hérédité de leurs affranchis, elles eurent droit aussi à la *bonorum possessio*, mais quant à la succession de leurs affranchis seulement.

V. Les cités peuvent être obligées par les délits de leurs membres, non au point de vue de la peine, mais au point de vue de l'indemnité et jusqu'à concurrence du profit qu'elles ont retiré (l. 18, § 1; *de Dolo malo,* et l. 4. *de Vi. — Nec obstat* loi 9, § 1, *quod metus causa*).

VI. Lorsqu'un pacte est ajouté *in continenti* à une stipulation, il en fait partie intégrante et produit toute son efficacité, quand même il augmenterait l'obligation du promettant.

DROIT FRANÇAIS.

DROIT CIVIL.

I. Les aliénations faites par l'héritier apparent sont nulles.

II. La femme ne peut pas demander la séparation de biens pour cause d'interdiction judiciaire de son mari.

III. La séparation de biens résultant accessoirement d'un jugement qui prononce la séparation de corps, n'a point d'effet rétroactif, soit à l'égard des époux, soit à l'égard des tiers.

IV. Les actes passés par le tuteur dans les limites de ses pouvoirs sont inattaquables.

V. Dans le cas ou une cession de créance a été signifiée entre deux saisies-arrêts, la répartition des deniers doit s'opérer de la manière suivante : le premier saisissant aura tout ce qu'il aurait eu si la saisie, postérieure à la signification, avait été faite avant cette signification ; le cessionnaire prendra tout ce qu'il aurait eu, s'il n'y avait pas eu de saisie postérieure ; ce qui restera appartiendra au saisissant postérieur.

VI. L'escompte d'une créance sur un tiers est non pas une cession de créance, mais un véritable prêt à intérêt, et par conséquent il doit être régi par les lois sur le taux de l'intérêt.

VII. Le créancier est responsable envers la caution non-seulement des sûretés qu'il perd par un fait positif, mais encore de celles qu'il perd par sa négligence.

DROIT ADMINISTRATIF.

I. Le partage des biens communaux entre habitants n'est plus permis.

II. Les sections de commune n'ont pas la propriété indivise de leurs biens communaux ;

III. Les habitants d'une commune n'ont sur leurs biens communaux qu'une jouissance précaire.

IV. Un entrepreneur de travaux communaux qui, sur l'ordre du maire ou de la commission municipale chargée de surveiller les travaux, fait à son devis légalement approuvé, des changements qui augmentent la dépense, n'est fondé à réclamer cette augmentation qu'autant que ces changements ont été approuvés par le conseil municipal et par le préfet.

V. Le dernier paragraphe de l'art. 1er de la loi du 24 juillet 1867 sur les conseils municipaux portant qu' « en cas de contestation entre le maire et le conseil municipal, la délibération ne sera exécutoire qu'après l'approbation du préfet, » n'est pas applicable aux délibérations portant sur les objets énumérés par l'art. 47 de la loi du 18 juillet 1837.

DROIT CRIMINEL.

I. Celui qui a été acquitté par une cour d'assises ne peut pas être recherché pour le même fait qualifié d'une autre manière.

II. La tentative d'avortement provenant d'une autre personne que la femme enceinte, tombe sous le coup des art. 2 et 317 du Code pénal.

HISTOIRE DU DROIT.

I. Le *municipium* était, à l'origine, la participation aux *munera*, charges et prérogations du citoyen romain et non pas simplement la concession d'un *munus*, jouissance des avantages, des ressources offerts par la cité romaine, sans aucune participation aux charges.

II. Constantin n'a pas été la cause de la ruine des institutions municipales.

DROIT DES GENS.

Le principe des *Nationalités*, entendu en ce sens que c'est la faculté restituée aux peuples de se grouper en nations, de se gouverner sans pression extérieure, sans tyrannie des faits préexistants, sans autre mobile que leurs sympathies ou leurs convenances, résulte *de la proclamation des droits de l'homme* et doit être admis sans restriction.

Vu par le président de la thèse :
CH. GIRAUD.

Vu par le doyen :
G. COLMET-DAAGE.

Vu et permis d'imprimer :
Le vice-recteur de l'Académie de Paris :
A. MOURIER.

PARIS. — IMP. DE V. GOUPY, RUE GARANCIÈRE, 5.